ゴミ屋敷住人の祖父母を介護した話

姫ばあさんとこじらせじいさん

Presented by
Fumiko Nishizono

西園フミコ

漫画家の西園フミコと申します
9冊目の単行本
エッセイでは初です
6年ほど勤めた職場を退職し挑んだ初連載——
が普通に打ち切られた頃
祖父母宅のゴミ屋敷化が発覚!!
片づけとその後の介護も経験しました
これをエッセイ同人誌に描いて自費出版したところ
ゴミやしき
そこそこ反響をいただいたことに味をしめ

商業化を目指し 2〜3社でポシャる中
ボツ
扶桑社さんから
エッセイ漫画どうですか?
やったー
ということで渡りに船!!
高齢者のゴミ屋敷問題に加え
介護、家族の問題もぶっちゃけた
身内の恥おっぴろげコミックとなっております
概要は読んでもらった
しくじり孫 家《うち》みたいになるな!!
解決法や専門家の方のコラムも収録
皆さまのお役に立てれば嬉しいです!

character

わたし

20代OL→漫画家。
いつも家族に
てんてこ舞い。

母

60代パート主婦。
石川県出身。

父

60代ロックすぎる男。
基本ソロ活動で
片づけ&
介護不参加。

祖母

90代姫ばあさん。
子2人に恵まれるが
長男はグレ、
次男は早逝。

祖父

90代こじらせ
じいさん。都内で
自営業を営む。

おことわり

これは実話を基にした
エッセイ漫画です。
個人情報保護や
分かりやすさのため
フェイク・脚色を交えています。

contents

はじめに——2

第1章 祖父母の家が「ゴミ屋敷」になっていた！

第1話——9
第2話——13
第3話——17
第4話——21
第5話——25
第6話——29
第7話——33
第8話——37
第9話——41
第10話——45
第11話——49
第12話——53

第2章 在宅？施設？最後まで悩んだ…高齢祖父母の介護

第13話——61
第14話——65
第15話——69
第16話——73
第17話——77
第18話——81
第19話——85
第20話——89
第21話——93

第3章 祖父母を看取って想うこと

第22話 99
第23話 103
第24話 107
第25話 111
第26話 115
第27話 119
第28話 123
第29話 127

描き下ろし 132

コラム プロに教えてもらいました！

コラム1 ゴミ屋敷は他人事ではない!? 57
コラム2 業者への依頼は4ステップ 58
コラム3 「介護疲れ」をしないために 97
コラム4 「ゴミ屋敷」はなぜ生まれる？ 131

おわりに 142

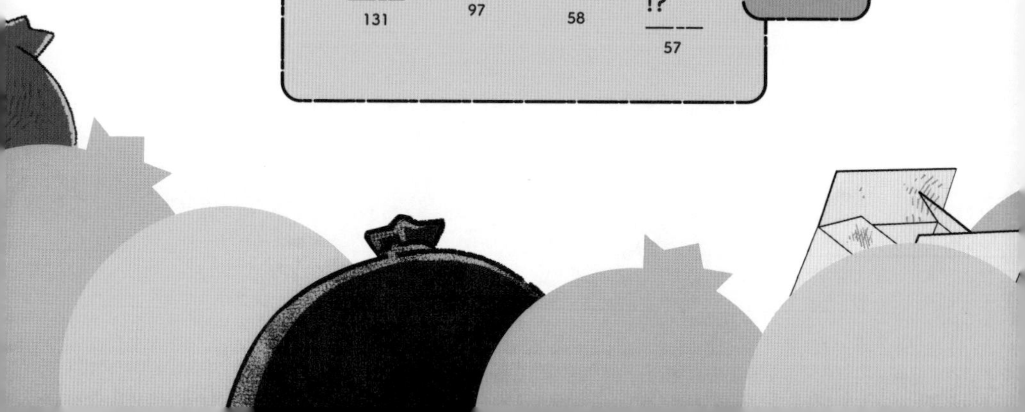

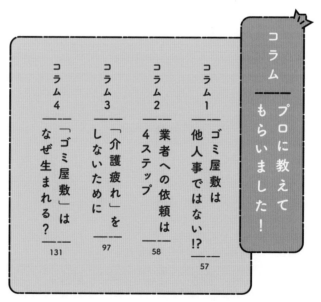

第1章

祖父母の家が「ゴミ屋敷」になっていた!

Gomiyashiki junin no
sofubo wo kaigo
shita hanashi

ゴミが天井まで
ギッシリで
先が見えない～
なんだこりゃ
すずらんテープの…
結界…？
ズオオオ
家じゅう生ゴミ
みたいな悪臭がー!!
オエー
カサカサに乾いた
Gのミイラだらけ
ヒー
某年夏、
私は
ゴミ屋敷の
片づけを
していた
何故なら
ここは
私の
祖父母宅《じいちゃんばあちゃんち》だから──
第1話
ごみ収集袋
ポリエチレン配合

漫画家の西園フミコと申します
この漫画は私が体験した
二児の母です
2歳
4歳
父方祖父母のゴミ屋敷掃除と
その後の介護を描いたものです
全てを終えて今思うのは
あれは単なる「ゴミの片づけ」ではなく
家族の負の遺産を一つ一つひもとく作業だったということ
なぜ祖父母宅はゴミ屋敷になったのか？
どう片づけたのか？
介護の様子は？
これはゴミ屋敷にまつわる
一つの家族についてのお話――

唐突だが
母
私
父
父
私の実家はいわゆる(※)「機能不全家族」だった
父は温厚で人当たりがよくユーモアに溢れていたが
VS
それ以外のパラメータが完全に終わっている男であった
浮気
借金
遁走《とんそう》
etc
仕事や収入は察して下さい
あらゆる約束を全て反故《ほご》にしていくロックすぎる父
実家は都内なのだが
なんか私石川県で暮らしてた記憶あるんだけど気のせい?
母方ばーちゃんち
…と尋ねたところ
あんたが2~3歳の時だけ石川県に避難してたのよ
避難?

(※)家庭内に対立、不法行為、虐待等が恒常的にある家庭のこと

お父さんが浮気相手と金銭トラブルになってね
怒り狂った女がウチにビール瓶投げ込んできたもんだから逃げてたの
キェーーッ
ガシャーン
……狂ったエピソードやめろ
この調子であった
家の中はいつも不穏
すさんだ幼少期
うちは普通じゃない
どうしてうちのお父さんだけ「こう」なんだ
ずっとそう思っていた
そしてその父を育てた
のちのゴミ屋敷住人―
父
父方の祖父母とは
フミちゃ～ん
スー
一言で言えば「疎遠」であった

祖父母は自営業を営んでおりいつも一緒
子どもは男2人
暮らし向きは貧しかったようだ
正直……
「姫ばあさんとこじらせじいさん」
という感じであった
キャハハキャハハ♡
おとうちゃま〜♡
夫をこう呼ぶ
ケッ
第2話

祖母は父を溺愛
奔放すぎる長男をとがめもせず
あなたには優れた感性があって他人と違うから大出世するわ♡
いつか大きなお家をプレゼントしてもらうのが夢なの～♡
父50代ほぼ無収入
うわごとばかり言っていた
貧しい現実の暮らしにも不満があったようで
うわ この刺し身十切れ五千円⁉
くさってる!!
5,000円
ウン十万円の高級絨毯…
ブランドものの服や時計が全部ゴミに…
浪費家だった

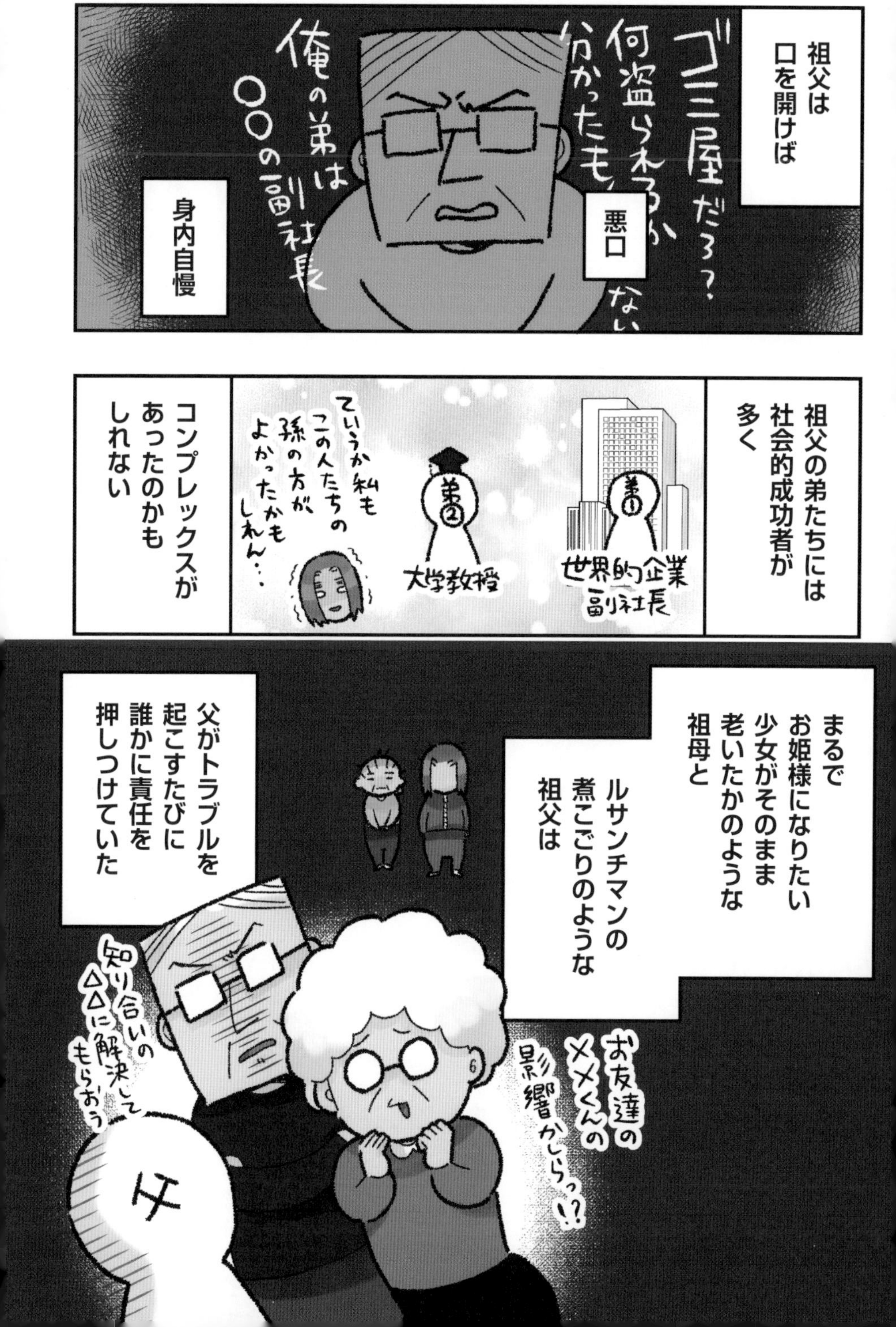
祖父は
口を開けば
ゴミ屋だろ？
何盗られるか
分かったも
ない
悪口
俺の弟は
○○の副社長
身内自慢
祖父の弟たちには
社会的成功者が
多く
弟①
世界的企業
副社長
弟②
大学教授
ていうか私も
この人たちの
孫の方が
よかったかも
しれん…
コンプレックスが
あったのかも
しれない
まるで
お姫様になりたい
少女がそのまま
老いたかのような
祖母と
ルサンチマンの
煮こごりのような
祖父は
父がトラブルを
起こすたびに
誰かに責任を
押しつけていた
お友達の
××くんの
影響かしらっ!?
知り合いの
△△に解決して
もらおう
父

祖父母宅には
幼い頃
何回か行ったが
ゴちゃ
なんか
散らかってる…
ばっちい…
いらっしゃあい♡
もっと
ひんぱんに
来ないと
ダメだぞ
もう
行きたくない…
ありゃ
突然
ゴミ屋敷化した
というより
元から片づけは
苦手だったの
だろう
当然のように
父も汚部屋
だった
ごちゃ
みてみて
すっげー
汚いっしょ!?
ジャングル
みてえだ
おー
あまりのカオスさに
遊びに来た友達に
いちいち見せていた
記憶がある
幼少の私は～
何をしとるんだ～

私が20代後半勤め先を辞め
夢だった初連載に挑む頃
ついに父が実家からスピンオフ!
父
完全別居!!
ソロ活動となった父は祖父母の面倒を見る
わけもなく
なんなら年金をむしりに行っていたようなので阻止し
父
介護の必要性を感じ始めた私と母が
久々に祖父母宅を訪ねると—
そこはゴミ屋敷だった
ゴゴ
ぎゃー
ゴゴ
臭《くさ》っ
ここ、賃貸じゃなかったっけ⁉
第3話

家の外は片づいてて気づけなかったけど
中はゴミでギッチギチだったのか！
すんごいことになってるシンク
風呂もキッチンも埋まってて使えないよ
今までどうやって暮らしてたんだろ…
徒歩1分にスーパーがあり食料はそこで
風呂は入らず
ゴミ山の中、僅かなスペースで眠るという暮らしだったようだ
不衛生すぎる
病気にならない⁉
病院
検査
検査
健康そのものだった
祖母に軽い認知症があるくらい
2人は亡くなるまで大きな病気一つしなかった
逆に何でよ
90歳と95歳ってこんな劣悪な環境でピンシャンするもん？

♪
ガサガサ
スーパー
ばあちゃん同じ食べ物を毎日大量に買ってるわ
食パンとチンするご飯の山
ごはん
ブレッド
認知症…だよねぇ
ますます介護本格化させんと
………
足の踏み場もないゴミ屋敷でどうやって介護を…？
近所迷惑や火事も怖いし何とかしないと
でも一体何から始めたもんかね
うーん
地域包括支援センターってとこで介護相談できるみたい
行こう！
支援センター
…実は当初
2人とも施設に行けば解決じゃん!?
2人が去ったあと片づけりゃいいじゃん！
くらいに考えておったのだが

だいぶ甘かったことが判明ッ!!
元気で介護度が低い（要支援1）
ピンシャン
高齢化社会＋都内は施設に空きがない
オール満床
つまり安価な特養など夢のまた夢ッ
特別養護老人ホーム
特例を除き要介護3以上が入居条件
要介護5
要介護4
要介護3
要介護2
要介護1
要支援3
要支援2
要支援1
今ココ
空きがあるのは富裕層向け施設のみであった―
月額140万円だって
私が住みてーわ

こりゃ当分
在宅介護
であろうと
察した私達は
支援センターで
紹介された
居住介護支援
事業所と契約
担当ケアマネ(※)さんが
ものすごく
有能&親切な方で
大変でしたね…
ケアプラン
介護保険
強力な
味方となって
くださった
後光が!
「ゴミ屋敷住人の
介護」という難題を
片づけられた
のはプロの支援が
あってこそ
第4話
今でも
感謝
している
「介護どうしよう
かな」という方
にはまず、
地域包括
支援センター等に
相談に行くことを
おすすめします

(※)介護支援専門員《ケアマネージャー》。介護相談やプランの作成、サービス事業者との調整を行ってくれる

引っ越しか業者を入れて片づけましょう
そもそも人が入れませんし
ハイ!!
状況は一歩前進するかに思われた―
よしやるぞ!
じいちゃんばあちゃん!
引っ越しと片づけどっちがイイ~?
が。
業者ぁ~!? 他人を家に入れたくない!!
片づけならおとうちゃまがしてるから大丈夫よ♡
してない
大反発

まあ片づけ大変すぎるだろうしな…
じゃ…じゃあ引っ越す？
今は見守り付き高齢者住宅とかもあるし…
施設なんか行ったら人生おしまい!!
自由がいちばん♡
片づけも引っ越しも嫌なのね…
詰んだ
NO!
ケアマネさんのアドバイスと励ましがなければ心バキ折れだっただろう
強制はきっと逆効果です
根気強くチャンスを待ちましょう！
うう…ハイ

その後も
数か月に渡り
あれこれ
説得するも
知人に
説得を
頼むも
ニオイに
ギブ
情に
訴える
メリット
デメリットを
伝える
しーん
もうまるで
ダメであった
祖父母から
すれば
疎遠だった
孫と嫁が急に
片づけろだの
引っ越せだの
言ってくるわけで
そりゃ
嫌だろうと
今でこそ
思えるが
そもそもゴミ
じゃない！
全部必要な物だ！
…………
ゴミ
ゴミ屋敷
住人って
本当に
「ゴミじゃない」
って言うん
だなぁ……
ゴミ屋敷の主
直撃インタビュー
ゴミじゃない！
スゲー
TVと
いっしょ！
ただ謎の感慨に
ふけるしか
ないのだった―

じいちゃん ばあちゃん 片づけるか 引っ越そう
周りにも 迷惑だし 心配だよ
うるさい 何を 生意気な
反発
あらっ こんな所に おミカン♪
はぐらかす
ゴミ屋敷《祖父母宅》の 片づけ説得、 どうにも こうにも 進みません―
汚くなんかない！
大丈夫よ〜♡
第5話

もう数か月は膠着状態だね
取り付く島もない
断固NO!!
う〜ん…
今でこそゴミ屋敷だけど
2人にとっては60年以上住み慣れた家なんだよな…
愛着もあるだろうし
90歳過ぎて突然引っ越せって言われたら
私でもしんどいかもしれない
え⁉ 引っ越しなんて体力もないし
住み慣れた家で余生を送らせてほしい…
90歳わたし
業者を入れての清掃の方がまだ現実的かも…
—そんな矢先

RRR
えっ救急車!?
ばあちゃん頭打って入院!?
祖母は駅で転倒し失神、搬送された
慌てて病院へ駆けつけると幸い軽症だが検査入院
実は家がゴミ屋敷状態であることも医師に話してみると
それは危険ですね
また転倒リスクもあるし
片づけてから退院しましょうか
…そうですよね
そうですよ⁉

片づけてから退院ってお医者さんも言ってたよ
ばあちゃんのためにも掃除しようよ
…………………
ばあさんの…ために…？
じいちゃん…………………
俺の目の黒いうちはゴミ屋なんぞに好き勝手させないからな！
ジジイ………………
言い方
こうしてなんとか片づけが決定
祖母の入院が機会《チャンス》となった怪我の功名だった

ゴミ屋敷の
片づけが
やっと決定！
ケアマネさんに
いくつか
清掃業者を
教えてもらい
相見積もりを
依頼
ハイ
急ぎで
お願い
したく
え〜と
その日は
下見の
調整
etc…
見積もり中の
業者さんが
あまりの汚さに
キレていたのが
印象的だった
あ〜もう
こんなに
してェ!!
第6話
プロがキレる汚さ!!
やっぱ
ヤバいんだな
この家

祖母の入院中に片づけを終わらすべく大急ぎで手配したが
ここで思わぬトラブル発生
一度も見舞いにも来ないなんて
病院はホテル代わりじゃないんですよ！
!?
なんかすごく病院側から怒られるのである
2日に一度は見舞い行ってるし
「片づけしてから退院」は
医師の許可も取ったはずじゃ…??
コロナ以前とは言え病床圧迫して迷惑だったとか？

原因はおそらく情報伝達がすれ違ったこと
そして—
来ないの…
誰もお見舞いに来てくれないのよ
……一度も
よよよ…
まぁ！
昨日も来たよ——?!
祖母の認知症から来る訴えであった

「介護者が嫁と孫のみで実子（父）は一度も現れない」というのも
病院側は「?」だったらしい
え？お嫁さんとお孫さん
??
担当が変わる度説明…
入院など急な環境の変化で
認知症が悪化することはままあるそうだ
ばあちゃんのために見舞いも片づけも頑張ってるつもりだったけど
本人はむしろ孤独を深めてるのか…
?
介護って…
タイヘン
まだまだこんなもんは序の口だと気づくのは
もう少し先のことであった
家《うち》に帰してちょうだい!!
ここの病院は対応がよくない
ブツブツ

ついにゴミ屋敷《祖父母宅》の片づけが開始！
カッ
よろしくお願いします！
だらだら
だらだら
よろしくお願いします！
第7話
よりによって真夏日
炎天下で…
ムワワワン
死んじゃう死んじゃう

完全防備で
2日間かけ
清掃に
挑むーー！
バンダナ
マスク
※漫画ではこれ以降省略しています
タオル
軍手
ジャージ
私はとくにゴミの多い2階へ
母は1階で祖父の見守りも
ゴミはとにかく片っ端から分別して外のトラックへ
おりゃー!!
大量のペットボトル
ドボドボ
中身は流してくださいね

衣類・食べ物・衣類・食べ物の地層
腐った汁で洋服みんなダメですね
なんて嫌なミルフィーユなんだ
発酵してパッツンパッツンの缶詰
はち切れそう
いつの～?
ベタベタが一生取れない床
大量のザラメをこぼして放置したんですね
ウォオオ
どうして
家族の黒歴史
親戚Aが親戚Bにブチ切れてる手紙が出てきた
燃やせ燃やせ
プロの手際と人海戦術はさすがの一言
シュバババ

それでも
なお
捨てても捨てても
捨てても捨てても
捨てても捨てても
捨てても捨てても
まだ物がある…
ウップ
高温で
蒸された
生ゴミ臭…
ろくに
換気もして
いなかった
ためか
ブワァ〜
悪臭が
一気に
噴き出る
ようで
通りすがりの
小学生も
うわっ⁉
くっせぇー‼
にげろ〜‼
近所の皆さん
ごめんなさい
なんとか
1日目
終了
ゴシゴシ
ううっ
シャワー
浴びたのに
まだ自分が
なんか臭い…
鼻の奥に
こびりついとる
積年の悪臭の
恐ろしさを
知ったのだった

炎天下の
祖父母宅《そふぼたく》
ゴミ屋敷掃除
2日目
あづい
くさい
かたづかない
その頃
家主の
祖父はと
言うと―
じいちゃん
大丈夫?
捨てたゴミを
無言で戻して
いた
スッ…
ウワ――――ッ
第8話

片づけの承諾は得たけど
やっぱり嫌は嫌なのね
…
ゴミじゃないッ~~
じいちゃん!!
その後も
俺の弟は◎◎の副社長だ
なに？知らない？
そういうのをモグリと言うんだ
しょせんはゴミ屋だな
ヘッ!!
ハン!!
色々と炸裂
ウギャー!!
ちょっ…
じいちゃん!!
す…
すみません!!
ええいもう邪魔ばっかりしおって~!!
ゴミより先にジジイを片づけるべきだったか!!
ギギギ…
が…

元気ですね
ご主人！
今おいくつ
ですか？
……
95…
ええ!?
95!?
わははー
ジジイ通り越して
仙人じゃないスか!!
さっ
仙人!!
片づけは
我々に
お任せ
くださいね！
ぱっ
てきぱき
さっ
さっ
仙人は
こちらの椅子に
ど～ぞ！

癖の強いゴミ屋敷住人に慣れているのか
はたまたコミュ強の業者さんだったのか
祖父にもうまく対応しつつ片づけを遂行してくださった
じ〜〜ん
プロだわ…
ありがたいやら申し訳ないやら
あの〜
この奥異臭がものすごいです
開けて大丈夫ですか？
うっお願いします
ズオォ
そして片づけは佳境へ——！

2日間に渡る
ゴミ屋敷《祖父母宅》
片づけも
遂に終盤
この奥
異臭が
ものすごい
です
開けて
大丈夫
ですか?
うっ
お願いします
開けます!
ガチャ
ユニットバスの
扉を開けると
そこは—
ムワッ
地獄
でした
くっせえええええ〜!!
第9話

なんだこりゃ…
浴槽が使った食器や食べ残しでぎっしり…？
ごっちゃ〜
もしやじいちゃんばあちゃん
洗い物でシンクが埋まった後…
浴槽に詰め込んでた…？
シンクも埋まってた
ポイポイ
腐った残飯＋虫＋湿気で
まさに悪魔的異臭
ツーン
オワァァァァ…
業者さんも本当に悲鳴を上げていた
開けんなよその鍋ぜったい開けるな
ウップ

ヒューオェ
はぁ…はぁ…
はは…
あはは
わはははははは
なんか楽しくなってきた！
ポイポイポイ
!?
アッハッハッハ
ストレスが限界を超えたためか「掃除ハイ」に入り爆笑しながら片づけたのを覚えています
Gの死骸も躊躇なく掴む
ムンズ

もう少しだ
もう少しでユニットバスも片づくぞ…！
ポイポイ
ポイポイ
ん？
便器の下に…タッパー…？
嫌な予感しかしない
開けたくないけど分別しなきゃいけないし…
えい!!
パカ
ぬわーーッ!?
果たして謎のタッパーの中身とは―!?

祖父母宅のゴミ屋敷を片づけ中
便器の下に
謎のタッパーを発見
ムンワ〜〜
ウッ
第10話
開けたくなさすぎるが…………
分別のためだ
えい!!
パカ

ドーン
糠床《ぬかどこ》
なんでこんな所に糠床が…
祖母が…漬けてたんですかね…
リアルにくそみそ一緒にすな!!
その後も清掃は続き…

キイィッ
ついに片づけ完了!
おお〜……!
なんとか人が住める状態に……!

ゴミはトラック7台分にも及び
費用は
な…70万円ほど…
×7
引っ越した方が安かった気もするが…
考えまい…
ありがとうございました
おかげで介護も始められます
いや～
お2人とも熱心に清掃に参加されてこちらが助かっちゃいましたよ
ははっは
普通、依頼者の方は見てるだけなんですけどね
………!!
そりゃそうか
漫画のネタにしようと決意した瞬間であった

2日間
トラック7台分
70万円を費やし
掃除が完了した
元・ゴミ屋敷こと
祖父母宅
片づいてよかったぁあ～
祖母も退院して帰宅!
…が
気になるのは祖父母のリアクション
こんなに一気に片づいたらどう思うんだろ…
まぁ!
驚く?
勝手なことを
怒る?
ドキドキ
第11話

肝心の
2人の反応は
と言うと…
ドキドキ

無。
ワハハ
ドッ
完全にノーリアクションでした。
えっ…えええええ〜
これだけ家の中が激変したのに
「片づいた」ことに一切触れずに暮らしてる…!?

おいアレどこにやった
ゴミ屋が盗んだんだろう!
…
時々文句は言うから忘れてるわけじゃないんだな
感謝はされないだろうとは思ってたけど
これは読めなかったぜ…
ゴクリ…
こうして波乱のゴミ屋敷掃除は幕を閉じ…
めでたしめでたし……
というわけにはならない!!
ここから約5年間に渡る
怒涛の在宅介護編が開幕するッ!!

祖父母のゴミ屋敷をついに片づけた私と母
ここから約5年に渡る介護が本格化するのだが…
閑話休題
フゥ
今回はゴミ屋敷片づけこぼれ話をお届け
第12話
こぼれ話その①
片づけ当日
ムワ〜
暑いわ臭いわゴミ山だわでいっぱいいっぱいの我々の前に

女装おじさん登場!!
知らないト→
傘を振り回すなどし
ブンブン
ワー
あわわ
警察のご厄介に
スマキにされてたよ
非日常に非日常をぶっこんでこないでほしい
あまりにカオスすぎて本編に入らなかった
こぼれ話その②
この連載以前に同人誌として
私はゴミ屋敷エッセイ漫画を描いた
ゴミやしき
片付けてみた
真夏のゴミ屋敷
それを頒布《はんぷ》する即売会で驚いたのが…

実はうちの実家もゴミ屋敷なんです！
親戚の家が…
片づけてくれなくて…
次々に似た体験が語られていく
実は同じ悩みを抱えてる人って意外と多いのかも
うちも
うちも
打ち明けにくいだろうし…
描いたかいがあったと感じた
こぼれ話その③
「片づけ費用70万円」
「祖父母の暮らしは貧しかった」など描いてきたが
父
叔父
Q.じゃあ片づけや介護費用はどこから？
A.叔父の遺産

片づけの数年前、叔父—
祖父母にとっては次男が病没
叔父（独身）は勤勉な社会人だったので
ある程度の金額が祖父母に渡った
祖父母の悲しみも察するに余りあるが
叔父の遺産が無ければ祖父母の生活も成り立たなかった
悲しいけど
亡くなってなお親孝行ってことかな…
一方、父（長男）は葬儀で
僕達兄弟は僕が陰で弟が陽
これからは弟に恥じない生き方を—
と語ったが
葬儀の場に不倫相手を2人呼んでいた
うおおおい恥じない生き方どうしたぁぁあ
マジで父が陰なのだった

column
コラム 1

ゴミ屋敷は他人事ではない!?

誰にでも起こりうる「ゴミ屋敷」問題。多くの現場を見てきたプロにその実情について聞きました。

片づけの相談件数は年々増加している

ゴミ屋敷専門パートナーズ代表取締役社長・石田毅さんによると、2018年創業時の片づけ相談は年間で36件程度。しかし、そこから増え続けて2023年にはなんと4000件を超える相談があり、そのうち実際に掃除をしたのは3000件弱。若年層からの相談も増え、ゴミ屋敷は今や、社会問題としても大きな課題となっています。

片づけで多いのは〝ひざ上〟の高さ

ゴミ屋敷の片づけは、仕分け・清掃はもちろん、害虫駆除や遺品整理など多岐にわたります。においや害虫が気になり始める「夏場」がゴミ屋敷清掃の依頼がいちばん多い時季で、反対に冬場の依頼は微減。また、汚れの範囲は、くるぶしや腰、天井までなどゴミの高さで表され、「ひざから上」の依頼が8割を超えています。

年代、間取り…いちばん多いのは？

利用者でいちばん多いのが30～50代女性です。とくに働き盛りの年代は、仕事に追われて片づけまで手が回らず、どんどんゴミが蓄積され、ゴミ屋敷になってしまうケースが多いそう。また、間取りでは2DKや2LDKが多く、パートナーズでは、汚れの度合いやエリアによりますが、2DKで3万8000円から引き受けています。

column
コラム2

業者への依頼は4ステップ

「ゴミ屋敷」掃除を依頼する際、どんなプロセスが必要なのか詳しく教えてもらいました。

STEP 1 問い合わせ

まずは、ホームページから電話やメールで業者に相談。ポイントは、恥ずかしがらずに「部屋がどういう状態なのか、いつ作業してほしいのか」をきちんと伝えることです。ここでしっかりとコミュニケーションを取ることで、のちのちの作業もスムーズになります。また、相談の段階で見積もり費用の有無なども必ず確認しましょう！

STEP 2 見積もり

相談後は「見積もり」を依頼。業者に現場に来てもらい、状況を確認してもらいます。見積もりは、面倒でも必ず複数社に依頼すること。作業にかかる時間と人数、物量を基に金額が計算されます。価格を少しでも抑えたい場合は、作業日を業者都合に合わせる、買い取りできるものがあれば買い取りしてもらうなど、交渉するのも手です。

見積もり時には、金額の内訳や追加費用の有無、オプションの範囲など、気になることは必ず聞くこと。しっかりと教えてもらうことで、のちのトラブル回避につながります。

漫画でも相見積もりを取ったうえで掃除を依頼！

STEP 3 片づけ

見積もりに合意後、契約を締結。作業当日は流れを確認し、細かい要望を伝えてから、片づけに移ります。3LDKであれば、6~8人のスタッフで仕分け・貴重品の探索、搬出などを行います。立ち会いは、利用者の要望次第ですが、片づけ後も住み続ける場合は、選別なども必要になってくるため、立ち会うケースが多いそうです。

STEP 4 支払い

片づけ終了後、清掃内容や、見つかった貴重品類などを説明してくれるので、しっかりと確認。汚れにもよりますが、3LDK・ひざ上くらいの状態でも大体は1日かからずに終了します。パートナーズの場合、現金またはクレジットカード決済が可能。見積もり時に細かく見ているため、支払いは見積もり額とほぼ変わらないそうです。

POINT 業者の選び方

業者を選ぶ際は、ホームページなどで過去事例や金額の目安、利用者の口コミ内容や件数を必ずチェックしましょう！ また、見積もり時には細かく会話をして、「相見積もり」を取ることもお忘れなく。

教えてくれたのは…

ゴミ屋敷専門パートナーズ
代表取締役社長
石田毅さん

関西・関東・東海で事業展開し、年間3000件以上の片づけを行う。また、公式YouTubeではゴミ屋敷清掃の様子を公開し、反響を呼ぶ。

第2章

在宅？ 施設？
最後まで悩んだ…
高齢祖父母の介護

Gomiyashiki junin no
sofubo wo kaigo
shita hanashi

元・ゴミ屋敷
住人の
軽い認知症
姫ばあさんと
こじらせ
じいさん
当初の2人は
基本的に
自力で生活
できるが
第13話
多少の手助けや
見守りが
必要とされる
「要支援1」
○できる
食事
排せつ
WC
私と母は
ゴミ屋敷を
なんとか片づけ
△自力では
ムズカシイ
そうじ
せんたく
買い物
金銭管理
スーパー
在宅介護を
本格スタート
させた
同居は
あらゆる意味で
キツそうなので
母が断り、
通うことに
狭い…
夫不在で
舅・姑と
同居!?

しごでき
ケアマネさんと
介護プランを
練っていく
お2人とも
仕事されてる
わけですし…
週4
パートタイマー
まんが家
平日朝・晩に
ヘルパーを
入れて
ゴミ出し、
買い物や
服薬の補助を
しましょう
おはようございます
おくすりのみましたかー
朝・昼食は祖父が
用意してるみたい
なんですけど
夕食が……
宅配の
お弁当が
ありますよ
お風呂は
デイサービス(※)で
どうですか？
パンフ
おお〜
朝・晩と必ず
様子を見ていただける
のは安心ですね…！
家族は
家事や金銭管理、
通院付き添いetcを
すれば大丈夫かな
パートのない
日と週末
通って
私がやるわ
これならできそう！

（※）日帰り利用の通所介護サービスのこと

プロの手を駆使し
約30分
数駅
最大限負担を減らしてもらう形でスタートした在宅介護
が!!
しーん
施錠されてインターフォンも無反応で入れません…
ヘルパーさん
すぐ行きます!!
後日
行かない
おばあさまデイサービス拒否が強くて送り出しにご家族の手もお借りしたく…
すぐ行きます!!

イレギュラーな
事態は次々起き
私や母が
駆けつける場面も
しょっちゅう
だった
すぐ
行きます!!
うひ〜またか〜
〆切がやべぇ〜
別居で
サービス
フル活用
介護度
低め
時間に
融通のきく
自営業と
パートタイマーで
すらもう
いっぱい
いっぱい
だぞ
フルタイム雇用の
人とか無理ゲー
じゃない…!?
バタバタバタ
ヒェ〜
「介護離職」は
避けるべきと
言われているが
仕事との両立が
いかに困難か
身をもって知った
のだった

元・ゴミ屋敷
住人90代
祖父母の
在宅介護
（通い）が
始まり数か月
祖母は自力での
入浴が難しい
しかし
自宅の風呂《ユニットバス》は
狭すぎて
介助者が入れない
ならば
デイサービスで
入浴！という
計画を立てた
ものの――
嫌よ
行かないわ
第14話

行かない。
そっっっっっっっっっっっかぁ〜〜？
参ったなコリャ
朝
送迎車に乗りデイサービスへ
入浴・昼食後帰宅
デイサービス
という計画なのだが
誰が行くの？
え？わたし？
嫌よ
スッ
行きましょうよ〜
ヘルパーさん
デイ職員さん
乗車拒否
ヘルパーさんや送迎の方が無理に連れ出すわけにもいかず

でもばあちゃん
お風呂入れて
ないでしょう
入ってる
わよ
※入って
ない
デイサービス
行かないと…
わたしには仕事が
あるんです！
※ない
だめか〜〜〜〜
わたしはねぇ
お風呂は広〜い
お風呂じゃないと
嫌なの♡
激狭《げきせま》
ユニットバスで
60年暮らして
きた者の
セリフか…？
いや
だからこそか？
あらっ！
ありますよ！
広いお風呂が
売りの
デイサービス！
パンフ
さっそく
銭湯を改修
したという
デイサービスに
変更
さぁ
さぁ
送り出す日は
必ず母も
伴うことで
なんとか
行ったり
行かなかったり
程度にはなった
行っても入浴
しない日も…
仕方ない

当時を振り返って母は語る
あの時は「ばあちゃん風呂入ってくれ〜」って必死だったけど
行きたくない気持ちも分かるのよね…
外出も入浴も億劫《おっくう》じゃない
しかも知らないお年寄りと一緒に体操したり工作したり…
決して陽キャではない人
そういうのが楽しい人はいいけどね…
え…じゃあ母は将来デイサービス的な所へは
行きたくない…
…………!
思わぬところで母の老後観にも影響したのだった

ゴミ屋敷《祖父母宅》片づけ後よく聞かれたこと
また元のゴミ屋敷に戻ったりしないの?
ゴミ屋敷には戻らなかった
ヘルパーさんまたは家族が毎日出入りするようになってからは
必ず誰かがゴミを捨てるからだ
第15話
本人たちは相変わらず物を溜め込んでたけどね
捨てるスピードの方が速いからな
しかし…
あら⁉
保険証がない‼
あれ⁉
キャッシュカードがない‼
○○銀行

昨日ここにあったのに～！
2人とも保険証とキャッシュカード知らない!?
さぁ？
とにかく物が消える（なくす）のである
当初、貴重品は祖父母宅に置いてあった
持っていこうとすると怒るからである
ドロボウ!!
すると
これは大事だからしまっておきましょ
←しかも服の一番下とかに隠すし
しまう所を誰も見てない上
本人も覚えていないので死ぬほど貴重品が消えるのである
ないい～ッ
仕方ない2人の生活費は通帳＋印鑑でおろして
保険証とキャッシュカードは再発行するか…

銀行
○○銀行
お客様
登録とは
異なる印鑑の
ようなのですが…
エ!?
ば…ばあちゃん
銀行印はどこ!?
それ
でしょ?
いや違くて…!
ア〜〜〜〜〜
?
………
銀行印の
再登録をする
しかないか
役所で
印鑑証明
取ってこなきゃ…
役所
ご本人の
身分証明書を…
ばあちゃん
免許ないから
保険証
保険証…

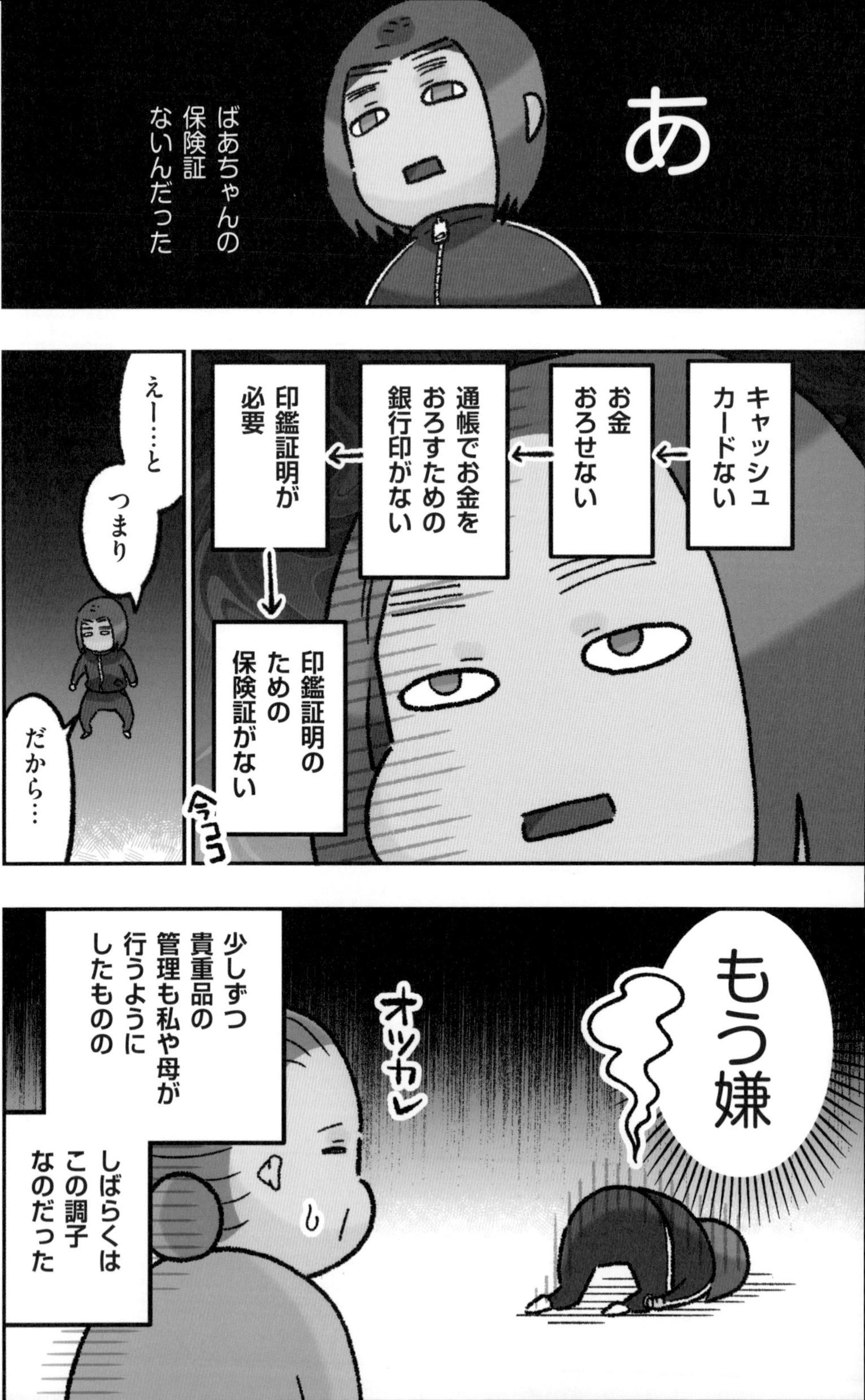
あ
ばあちゃんの保険証ないんだった
キャッシュカードない
お金おろせない
通帳でお金をおろすための銀行印がない
印鑑証明が必要
印鑑証明のための保険証がない
今ココ
えー…と
つまり
だから…
もう嫌
オッカレ
少しずつ貴重品の管理も私や母が行うようにしたものの
しばらくはこの調子なのだった

介護で避けては通れない
今回はシモのお世話の話です
ご飯は食べ終えてから読んでね！
第16話
軽度の認知症の90代祖母は
このニオイ…
あ～やっぱり
？
次第にトイレを失敗する回数が増えていった
ケアマネさんと相談し
介護用オムツを導入―

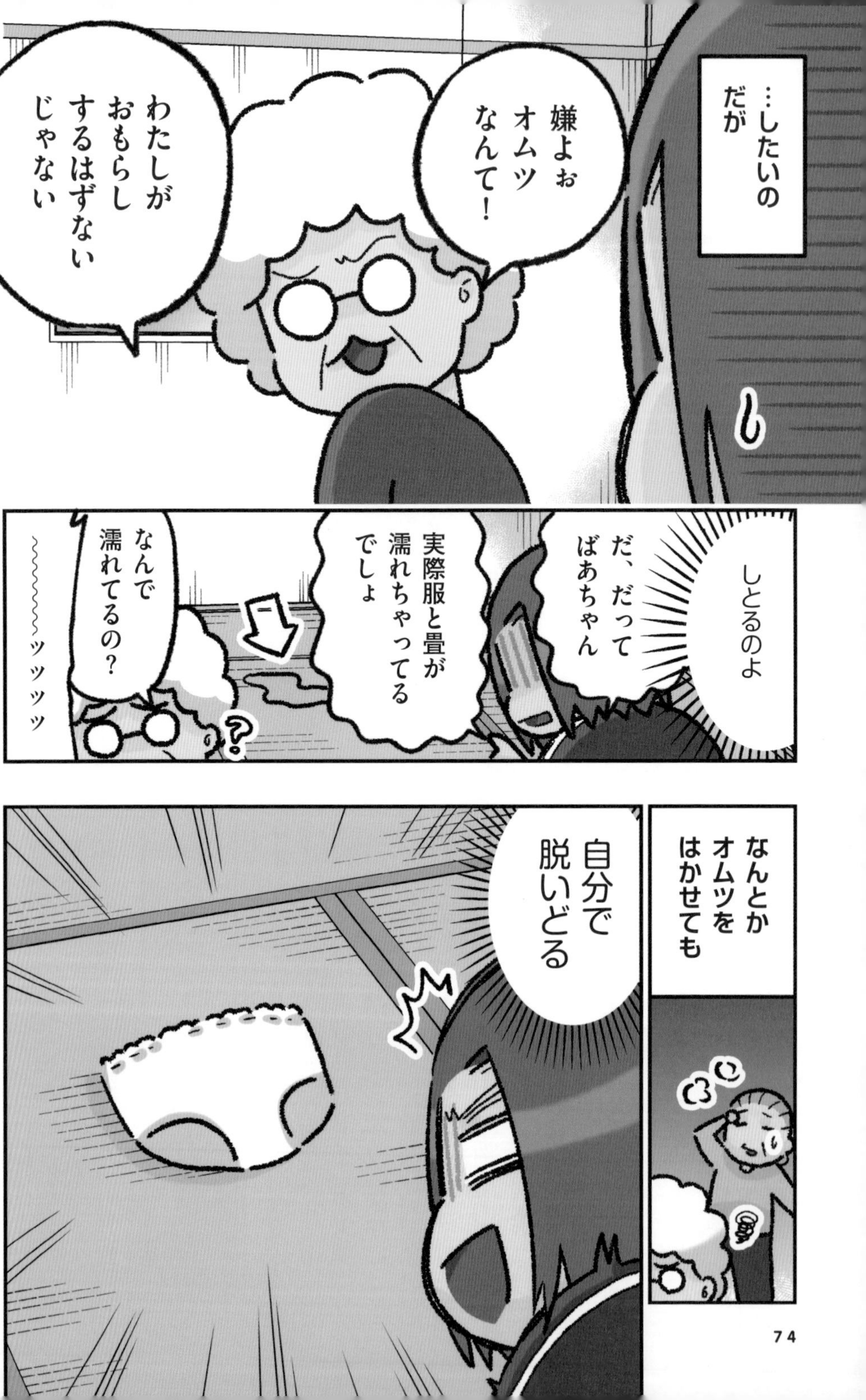
…したいのだが
嫌よぉオムツなんて！
わたしがおもらしするはずないじゃない
しとるのよ
だ、だってばあちゃん
実際服と畳が濡れちゃってるでしょ
なんで濡れてるの？
〜〜〜〜ツツツツ
なんとかオムツをはかせても
自分で脱いどる

もっとも心が折れたのは
ばあちゃん来たよ～
ウッ⁉
この臭い…まさか…
オムツの中にゆるめの大
それを手でいじった様子
擦《なす》った跡
どうして手が汚れてるのかしら？
お――――っとお⁉

えーっとまず
手！ 手洗おう
ばあちゃん！
着替えと…
雑巾と…
シモのお世話は
主に母と
ヘルパーさんが
担ってくれたが
あれから
母はよく
こう言うように
なった
私がシモの始末
自分でできなく
なったら
施設に入れて
いいからね
我が家は父が
お金を入れず
母のパートで
足りない分は
祖父母からの
援助もあった
らしい
それもあり
母は義親の
お世話をしている
介護の
大変さ
母の苦労が
偲ばれる
出来事だった

社会問題化している高齢者の免許返納問題―
ガッタン
ちょ…
第17話
これには我が家もかなり頭を悩ませた
じいちゃん免許返納しよう…！じいちゃんだけじゃなく他の人だって危ないよ！
あ～？平気！平気！
当時90代後半
都内で車が必須というわけではないのだが
運転は祖父の生きがいらしく
何度言ってもやめてはくれなかった
よ～

もうすぐ免許の更新日だけど
会場に1人じゃ行けないくらい足腰も衰えてるのに…
だから余計にやめたくないのかもしれませんね
免許が失効するのを待ちましょうか…
無事（?）祖父の免許は失効
車の処分をどうするか考えていた矢先…
スッ
ガチャ
バタン
おおおおーい!?
諦めてなかった!!
じいちゃん免許もうないでしょ!?
無免許運転なんて絶対…
あー！うるさいうるさい！
俺の勝手だ！

どうしよう
鍵を隠す?
警察に…?
車の処分も早めて…
道交法違反
何とか止めなきゃ
でももうきっと普通に説得するんじゃ聞いてくれない…
介護において感情的な対応はNG…らしい
今まで冷静な対応を心がけてきたつもりだが
焦った私は…
はずかしながら
ばくはつした
もおおおお〜!
ドカーン
なんで分かってくれないんだよぉお!!
父さんの不倫だの借金だので私や母さんが散々苦労したの知ってるでしょぉ!?
もう身内に社会のルールを守れない人がいるのはウンザリ!なの!!

とにかく！やめて!!運転を!!!
そ……………
そうか…
正義感の強い子に育ったなぁ…
じゃかましわ
祖父にガチギレしたのはこれが最初で最後だったが
祖父は自主的に車を知人に譲渡
以降運転をすることはなかった
ホッとはしたけど
どのご家庭でも通用するやり方ではないかもね…
孫の泣き落とし…
説得が難しい場合は
・医師や警察の協力を仰ぐ
・車や鍵を処分
などが考えられると思います…
あと高齢者教習とか…

片づけたゴミ屋敷《祖父母宅》は賃貸物件だった
そう賃貸
大家と揉めなかったかって…？
超揉めた
こんなに長生きするなんて
中で孤独死でもしたら誰が責任とるんだ!?
1人でも死んだら退去すると念書を書け！さもなくば更新しない！
第18話
意外にもゴミ屋敷化～片づけまで関係は良好で
大変ね——
私たちも見守るから——！
70代？夫婦
祖父母とも長い付き合いだから…？
ありがてぇ～
とか思っていたのだが

物件の売却話が持ち上がったらしく
そこから態度が急変
退去要求は日々激しくなった
出てけ!
この頃には介護開始から3～4年が経過
いよいよ2人は心身ともに衰え
ヨボ…ヨボ…
祖父は
何がなんだか分からない
と呟くことが増えた
祖母も認知症が進行、足腰も弱くなり
???
病院への通院も難しく在宅医療サービスを申し込んだ
この家は狭く介護ベッド等が入らない
在宅で看取ることは難しい…けど
いまだに施設だけは完全拒否してるんだよな～…
ゼッタイイヤ!!

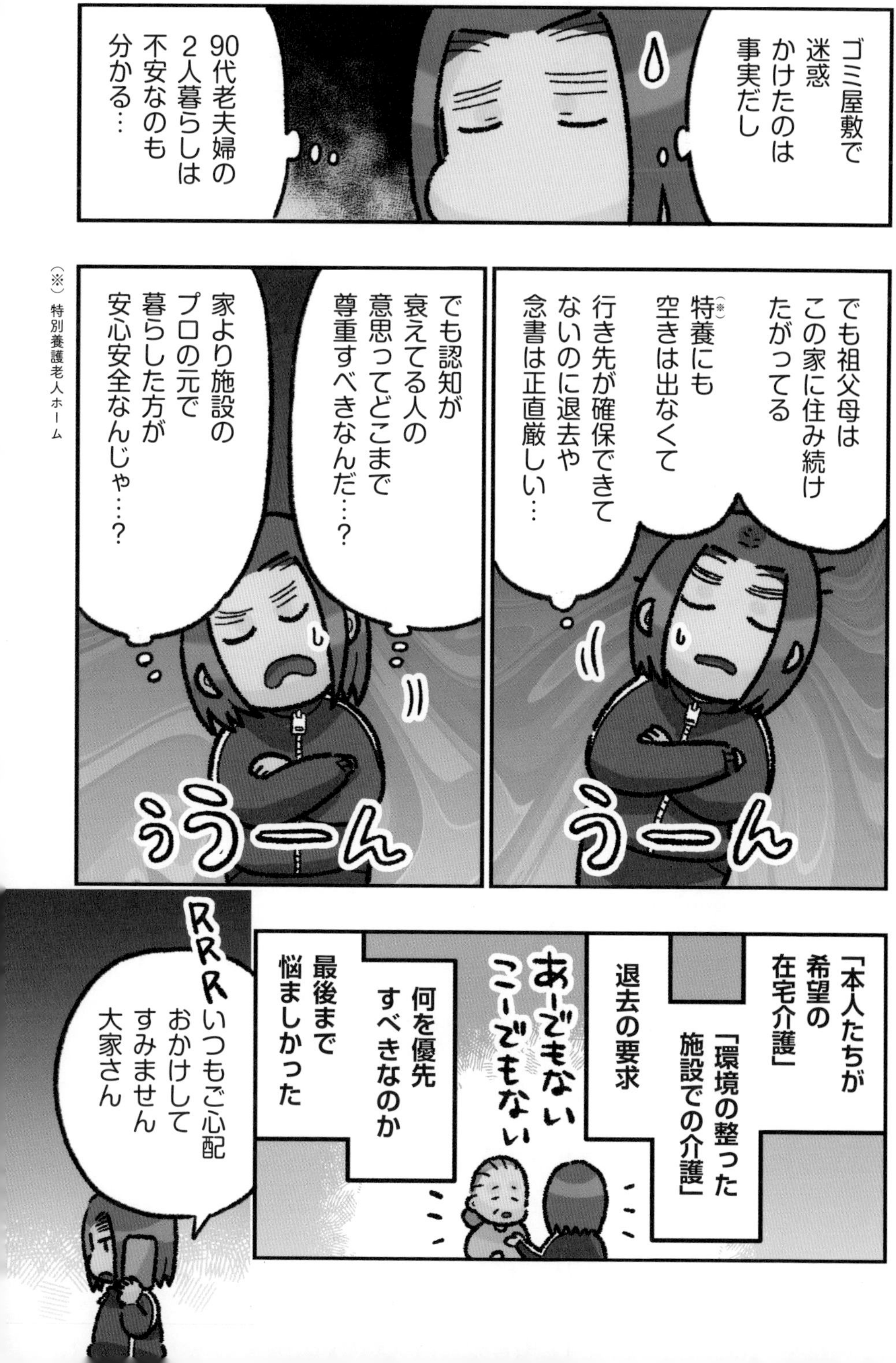
ゴミ屋敷で迷惑かけたのは事実だし
90代老夫婦の2人暮らしは不安なのも分かる…
でも祖父母はこの家に住み続けたがってる
特養(※)にも空きは出なくて
行き先が確保できてないのに退去や念書は正直厳しい…
うーん
でも認知が衰えてる人の意思ってどこまで尊重すべきなんだ…？
家より施設のプロの元で暮らした方が安心安全なんじゃ…？
ううーん
「本人たちが希望の在宅介護」
「環境の整った施設での介護」
退去の要求
あーでもないこーでもない
何を優先すべきなのか
最後まで悩ましかった
RRR
いつもご心配おかけしてすみません大家さん

(※) 特別養護老人ホーム

でもすぐの退去は難しいです
改めて施設探ししてみますし
必ず誰かが毎日見守りには行きますから住まわせてもらえませんか？
じゃあ1人死んだら出てくって念書を…!!
契約等については「賃貸(※)ホットライン」でアドバイスをもらっていた
うーん
……
法的に書く義務はないです
それでも！って言われたらこう話してみてください
「どうしてもということであれば」
「大家さんから調停を起こしていただいてかまいませんので…」
スーン…
…更新の書類送ります
オワー
覿面《てきめん》…!!
契約更新はできたものの施設探しを再開
在宅介護も終盤にさしかかっていた

（※）東京都住宅政策本部による不動産トラブル

東京23区内に住む祖父母（90代後半）
第19話
―の介護施設探しを始めたが問題は3つ
①民営の施設は費用的に無理
高級な所しか空いてねぇ 月140万円て
②費用が賄えそうな特養は常に満床
100人待ち!?
③そもそも祖父母は施設を拒否
イヤ
詰んどるのでは？
と思われたが…
「老健」はどうですか？
相談窓口の人
老健？

老健とは
「介護老人保健施設」
要介護者の自立を目指したリハビリとケア施設
原則、家庭復帰を目的とする3～6か月の短期入所が多いですが
施設によっては長期入所や看取り対応可能な所も
老健で特養の空きを待つ方もいるみたいですよ
マジか!!
費用的にはなんとかなりそう…!
あ、でも老健もやっぱ23区内は満床が多いな…
では…

西東京の方の老健はどうですか?
西東京の老健!?
アドバイスが!!
汐とアドバイスが!!
23区内は空きが少ないが
現住所から1時間半~2時間西東京エリアであれば
まだ空きはあるとの話だった
今ここ混んでる
ちょっと空いてる
は――…
移住?ってことか…
お見舞いは多少大変かもしれないけど
23区内で空きを待つより現実的だよね
問い合わせしてみよか
うん

こうして
看取りも
可能な老健に
問い合わせ
数か所を
見学して
あたりを
つけた
が…
いやぁ…
だからね
気持ちは
分かるけど
ずっと
この家に
いるのは
無理…
施設は
行かない
お家が
イチバン
う〜ん
拒否してる人を
介護施設に
入れるのって
どうなんだ…?
看取りは
難しいですね
人格を無視
してる?
仕方ない?
そもそも
可能なのかな…
最後に難題が
残ってしまった
のだった
出てけ
大家
どうしよう〜

第20話
医師
おじいさんの心臓が弱ってきています
この家での介護は限界でしょう
介護施設をおすすめします
在宅か施設かずっと悩んできたことだったが
祖父も100歳を超え
2人が介護《老健》施設に行く日はあっさりと決まった
それでも祖父母は納得せず
イーヤーヤダヤダ
ついでに当時私は臨月であった
人生で一番ムリできん時期じゃん
どーしよこの状況
ポンポコリン

施設としてはあまりに拒否が強い場合は受け入れられないが
まずは家族同伴で入所しに来てほしいとのこと
あなたの同行は無理じゃない…？
お腹の子が最優先よ
でも母1人で嫌がる2人を説得して連れてくの大変すぎでは…？
約2時間の移動は介護タクシーを手配
他に手を借りられる人もおらず
うーん…
ここで最終兵器（？）
父投入!!
こういう時くらい役に立ってくれ～
あんたの親ですよ!!
大丈夫かなぁ～

我が家では「信用できない男」と書いて父と読むため
苦渋の決断ではあった
が
祖父母は父にはベタ甘なのだ!!
病院に行くよ
父
まぁっ
ご機嫌で連れ出しに成功!!
道中
老人ホームに入れようとしてるの!?
バレた
バレた
察せられたが

なんとか無事に
入所できたよ
そっか…!!
ボコォ
(あらぶる胎児)
—とのこと
だった
とは言え入所して
オシマイではない
母(と父)は
見舞いと手続きで
度々施設を
訪れたし
あの2人が
施設でうまく
やっていける
かなあ…
フン!
ご迷惑おかけ
してない
だろうか…
嫌がってたのに
入所させて
本当によかった
のかな…
ボコッ
いててて
胎動すごい
心配は
つきなかった

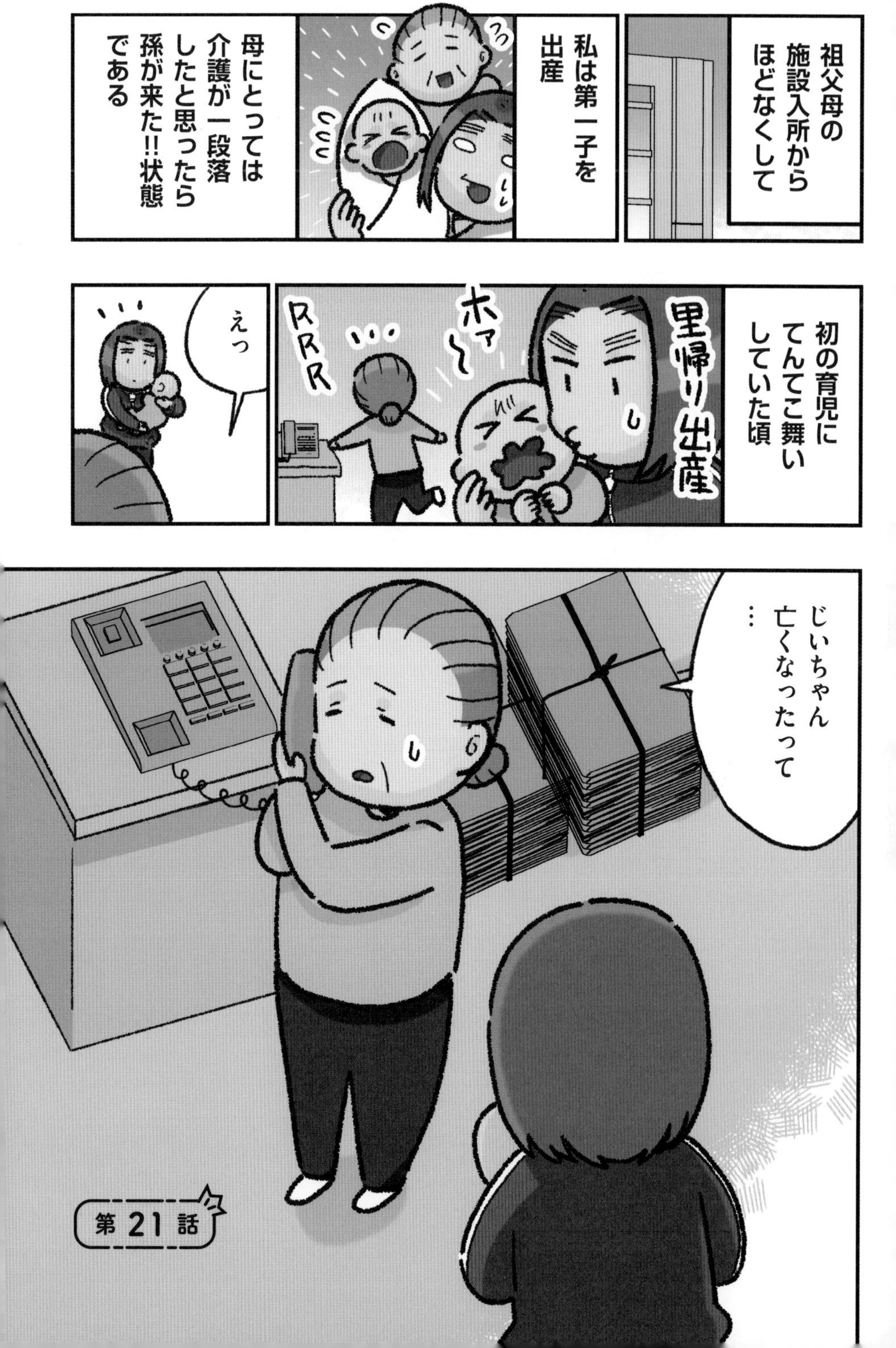

祖父母の施設入所からほどなくして
私は第一子を出産
母にとっては介護が一段落したと思ったら孫が来た!!状態である
初の育児にてんてこ舞いしていた頃
里帰り出産
ホァ〜
RRR
えっ
じいちゃん亡くなったって…
第21話

死因は心不全
明け方、ベッド脇に倒れていたのが発見されたらしい
そっか……
100歳過ぎてたし自然なことだと思うけど…
ゴミ屋敷じゃピンピンしていたのに
施設に移ってすぐ亡くなってしまった
…………
張り詰めてた糸が切れたのかな…
心臓が弱ってるとは言われてたし…
心配なのは祖母である
色々あったが祖父母はいつでも一緒
仲のいい夫婦だった
ニコイチ
だからこそ2人同時に施設入所してもらったのだが
ばあちゃんガクッとこなきゃいいけど…
遺された祖母は…

施設
暮らしを
大変
エンジョイ
していた。
お姫様に憧れた
お花畑ばあさんには
何くれとなく
世話を焼いて
もらえる
施設暮らしが
合っていたらしい
入所後の方が
むしろ元気に
性格も
穏やかになった

な…
悩んでたのは何だったんだ!?
在宅?施設?
どうしよう～
もっと早く施設に入れてあげてたらよかったのか?
「在宅介護か施設か?」問題には正解はないのかもしれない
祖父の死に関してもあっさりしたもんであった
100歳すぎて苦しまなかったなら
結構なことよォ～

column

コラム 3

「介護疲れ」をしないために

精神科医の益田裕介さんに、家族との向き合い方について詳しく教えてもらいました。

基本的なスタンスは〝攻め〟よりも〝守り〟を

家族との関わり方で大切なのは、溜めこみすぎず、自分が「疲れないことを優先」すること。漫画にも登場しますが、相手の話をしっかりと聞き、それに合わせて作戦を練る。守ることを重視して、自身がうつ状態にならないようにしましょう。また、自分だけで対処するのは難しいので、精神科医と相談することも大事です。

セルフケアでしっかり休む

介護をすることで、自身が〝疲れ〟てしまうケースも多々あるかと思います。そんなときは、精神科での治療と、〝セルフケア〟を行うことが必要です。「心は脳」なので、セルフモニタリングをすることがカギ。体重や睡眠の状態で間接的に〝疲れ〟を把握し、それに合わせて有休取得やSNSを控えるなど、休みましょう。また、1日数分でいいので、座禅を組んで呼吸に集中する「マインドフルネス」な状態をつくるだけでも差が出ますよ。

教えてくれたのは…

早稲田メンタルクリニック院長
益田裕介さん

YouTube「精神科医がこころの病気を解説するCh」を運営。著書に『【心の病】はこうして治る まんがルポ 精神科に行ってみた！』など

第3章

祖父母を看取って想うこと

Gomiyashiki junin no
sofubo wo kaigo
shita hanashi

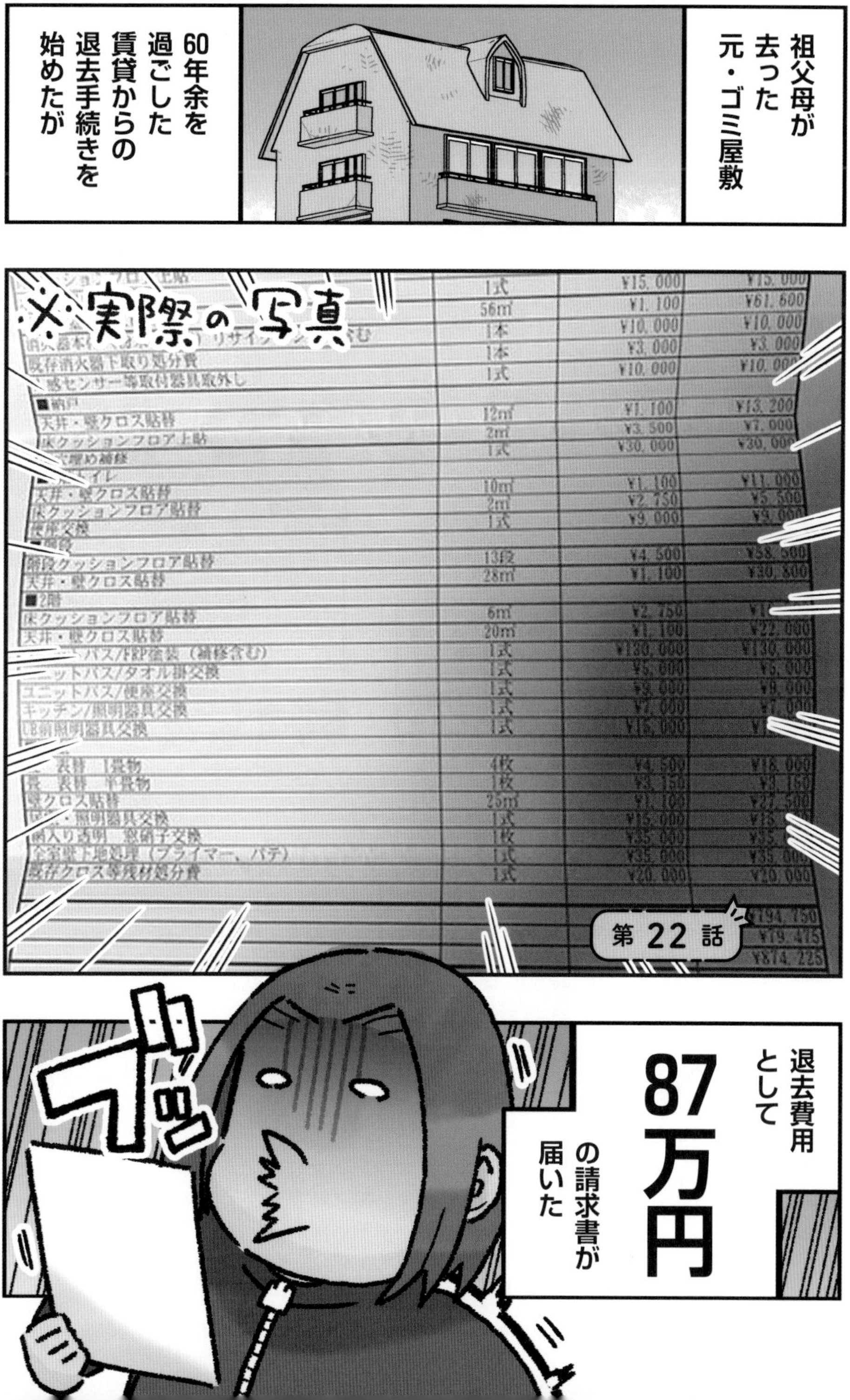
祖父母が去った元・ゴミ屋敷
60年余を過ごした賃貸からの退去手続きを始めたが
※実際の写真
既存消火器下取り処分費
■納戸
天井・壁クロス貼替
床クッションフロア上貼
天井・壁クロス貼替
床クッションフロア貼替
便座交換
階段クッションフロア貼替
天井・壁クロス貼替
■2階
床クッションフロア貼替
天井・壁クロス貼替
ユニットバス/便座交換
キッチン/照明器具交換
UB前照明器具交換
壁クロス貼替
網入り透明　窓硝子交換
全室壁下地処理（プライマー、パテ）
既存クロス等残材処分費
¥194,750
¥19,475
¥874,225
第22話
ブ
退去費用として
87万円
の請求書が届いた

故意や
不注意による
修繕については
原状回復義務が
あるが
通常損耗や
経年変化に
よるものは基本
義務がない
へぇ〜
…はず
なんだけど
いや
ゴミ屋敷化は
したけど
70万円かけて
綺麗にしたしさ
87万て
これ単に
リフォーム
費用請求
されてるだけ
じゃない…？
電話で
直談判
アレとコレは
確かにこちらが
汚したので
支払います
でも
経年変化の分も
請求されて
ますよね？
敷金は
どうなってますか？
いや
全額支払って
いただかないと！
契約が昔すぎて
敷金は不明ですね！

ブチ
(※)また不動産トラブルかい！
ぢゅっぢゅっ
ミルク
も〜〜〜〜こうなったら!!
困った時の「賃貸ホットライ〜ン」!!
ケプ
助けて専門の人〜!!
専門の人
支払い義務ないですね
ですよね!?
夫

(※)84頁18話参照

どうしてもという場合は調停を起こしていただいてかまいませんが!?
不動産屋
このくだり2回目なんですけど!?
不
…○万円で結構です
10分の1以下でいいんかい
最初から吹っかけてこないでくれ!!
契約更新の時も思ったけど
なぜ支払い義務のない部分まで平気で請求してくるんだ…
あーつかれた
多めに請求しといてお金取れたらラッキー♪ってこと?
自衛のための正しい知識も必要だなァ…
介護を通じて社会の荒波に揉まれる日々なのであった
ZZZ

祖父母が施設に入ってからは
次男 is Coming
私の引っ越し・出産・コロナ禍であまり関われなかったが
祖父の逝去後も祖母は施設でお世話になり
数年後
天寿を全うした
第23話
ゴミ屋敷発覚から足かけ約8年
祖父母の介護が終わりを迎えた
思い出を振り返ってみる

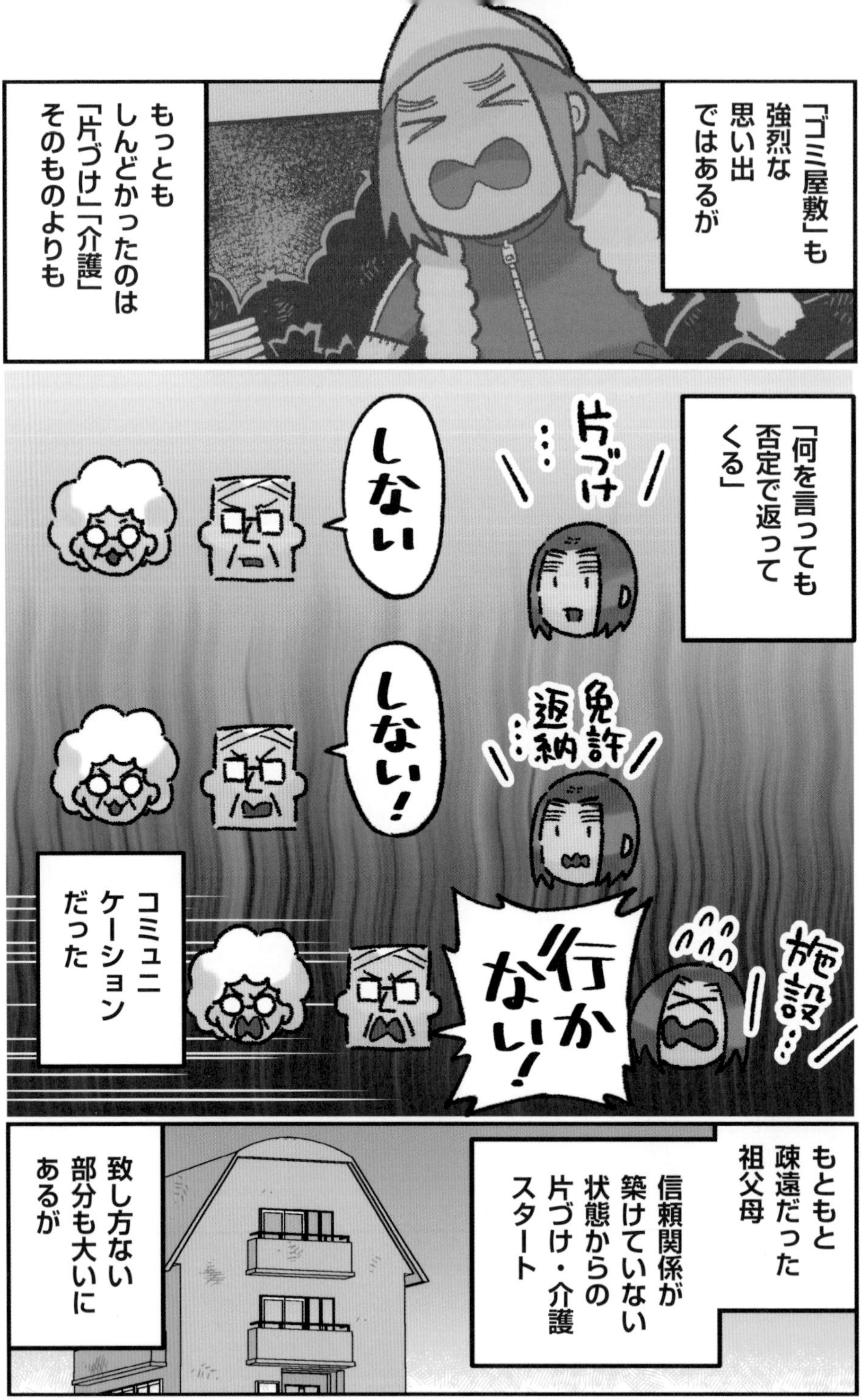
「ゴミ屋敷」も
強烈な
思い出
ではあるが
もっとも
しんどかったのは
「片づけ」「介護」
そのものよりも
「何を言っても
否定で返って
くる」
片づけ…
しない
免許返納…
しない！
施設…
行かない！
コミュニ
ケーション
だった
もともと
疎遠だった
祖父母
信頼関係が
築けていない
状態からの
片づけ・介護
スタート
致し方ない
部分も大いに
あるが

ドロドロになって奔走しても
感謝どころか
家族・介護職員を召し使い扱い
恨み言と不満のオンパレード
祖父《こじらせじいさん》のルサンチマンと祖母《姫ばあさん》の現実逃避を
浴び続けるのは辛く
投げ出したろかい
なんで私達が
とも思ったし
これ本当に祖父母のためになってるのか?
結局は私達のエゴで善意の押しつけなんじゃ…
とも思った
それでも2人に関わった結果
こうなった理由も分かる気がした

祖父母の長男はグレて出奔
叔父
父
次男は病気で早逝《そうせい》
孤独な老後だったのだと思う
加えて問題解決は不得意だった様子
問題をなかったことにして
ゴミは見えない所に押し込んで
孤独と老いがブーストをかけて
ゴミ屋敷のできあがり
あの家は2人の精神状態そのもの
祖父母のSOSだったのかもしれない

祖母の葬儀
性懲り(※)もなく父は不倫相手を参列させようとしたため
何を考えとんだボケ
ろくに介護もせんと
をオブラートにつつんで
父
阻止。
相変わらず滅茶苦茶な父である
第24話
正直に書けば
祖父母のことも最後まで「好き」とまでは思えなかった
父
それでも祖父母を知った今なら
父
父がこうなった理由《わけ》も少し分かる気がする

（※）56頁12話参照

父は
幼少期から問題を
起こしまくって
いたそうだが
祖父母はいつも
「何とかして
くれる誰か」を
探していた
その一方で
父が50歳を
過ぎても
「お小遣い」は
惜しまなかった
父
祖父母は
物事に正面から
取り組む馬力が
ないように
見えた
××のせいだ
私はちょっと…ねぇ…
次第に失われて
いっただけ
かもしれない
祖父《こじらせじいさん》の
責任転嫁と
祖母《姫ばあさん》の
現実逃避
それは
増えていく
ゴミに対しても
父に
対しても
同じだったの
ではないか?

父が幼少期から問題を起こしまくっていたのは
学校の連中の影響だ
育ちが悪い奴ばかり
ところでお夕飯何がいいかしら〜?
両親にきちんと自分と向きあい
叱ってほしかったのではないか?
父

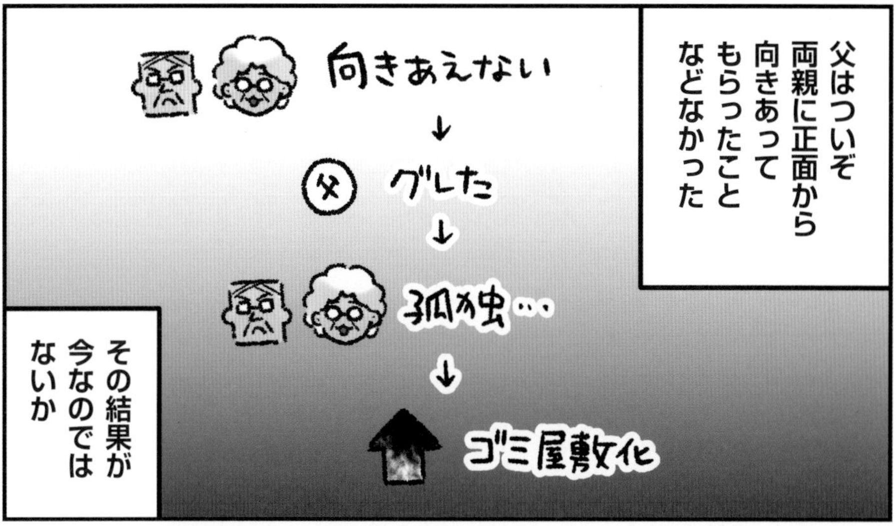
父はついぞ両親に正面から向きあってもらったことなどなかった
向きあえない
↓
父
グレた
↓
孤独…
↓
ゴミ屋敷化
その結果が今なのではないか

そして私も父に向きあってもらったという実感はほぼない
叱られたことない気が、する
愛情がなかったとまでは思わないけど
してもらってないからできなかったとか…？
…とはいえ
親として子にしっかり向きあえているか？
自信のある親などいるのだろうか…
ママだっこだっこだっこするし〜ッ
そうね弟くんのオムツかえたらねえ…
言うは易《やす》く行うは難《かた》しである
おむちゅかえないのォ〜〜

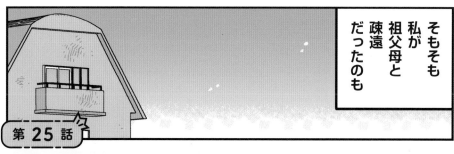

そもそも私が祖父母と疎遠だったのも
第25話

なんでうちの父親はこんなにこうなんだよ～
じいちゃんばあちゃんの育児のツケを
トラブル
トラブル
トラブル
ゴミやしき
介護
孫の私が払ってんじゃないのこれェ!?

…という所謂《いわゆる》「毒親」や負の連鎖への恨み
浮気
借金
逃走
があったのは確かだ
しかし

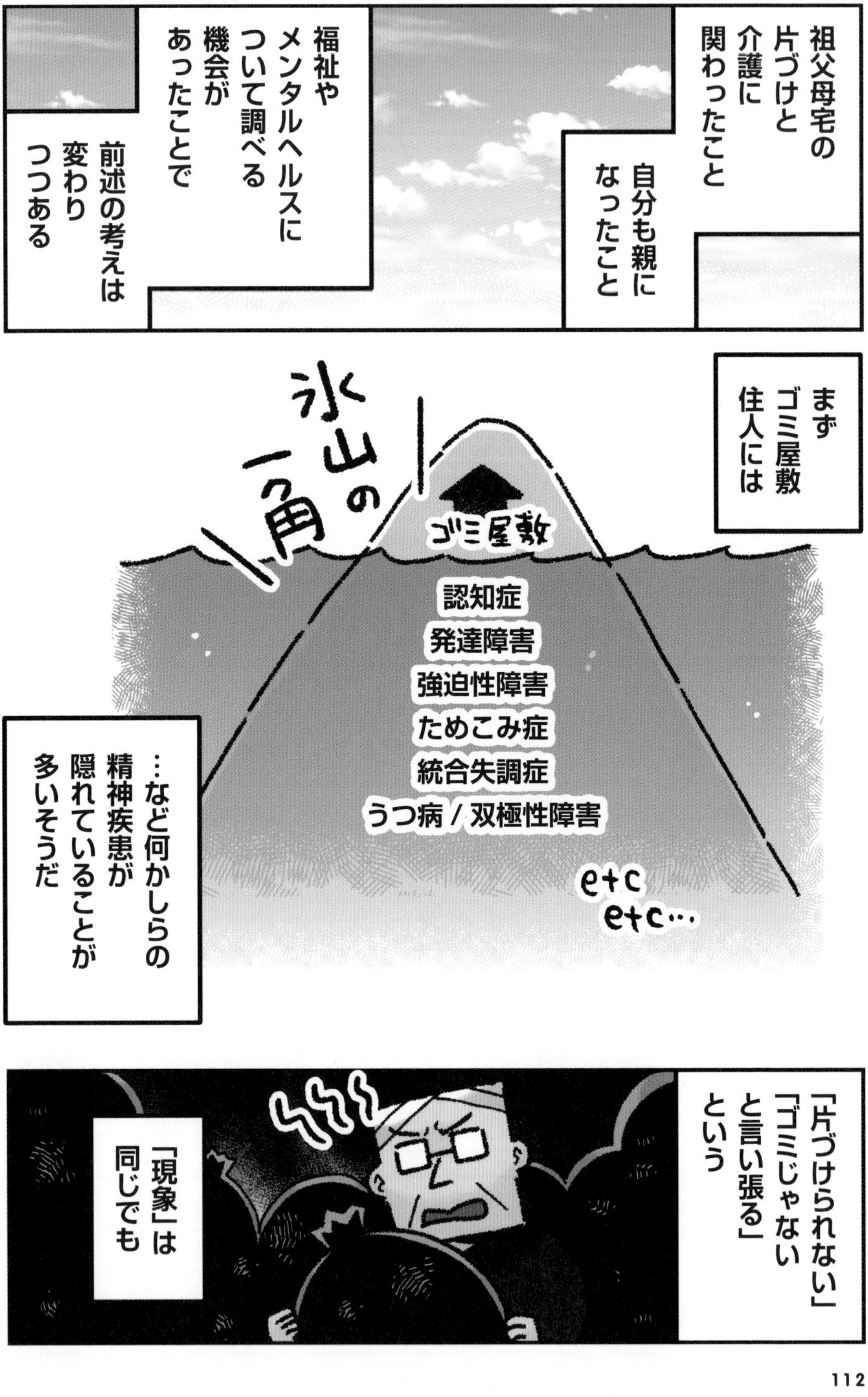
祖父母宅の片づけと介護に関わったこと
自分も親になったこと
福祉やメンタルヘルスについて調べる機会があったことで
前述の考えは変わりつつある
まずゴミ屋敷住人には
氷山の一角
ゴミ屋敷
認知症
発達障害
強迫性障害
ためこみ症
統合失調症
うつ病／双極性障害
etc
etc…
…など何かしらの精神疾患が隠れていることが多いそうだ
「片づけられない」「ゴミじゃない」と言い張る」という
「現象」は同じでも

「原因」の可能性は多岐に渡るそう
発達障害で片づけが苦手？
認知症で事実を誤認？
強迫性障害で捨てることに不安・恐怖？
統合失調症の幻覚妄想状態？
うつ病でセルフネグレクトの状態？
受診・治療が肝心だろう
核家族化、少子高齢化
久々の実家でギャー
今や「ゴミ屋敷化」はどのご家庭に起きてもおかしくない
また、父の幼少期エピソードを聞くにつれ
幼稚園留年？
中学には親の手に余って高校退学？

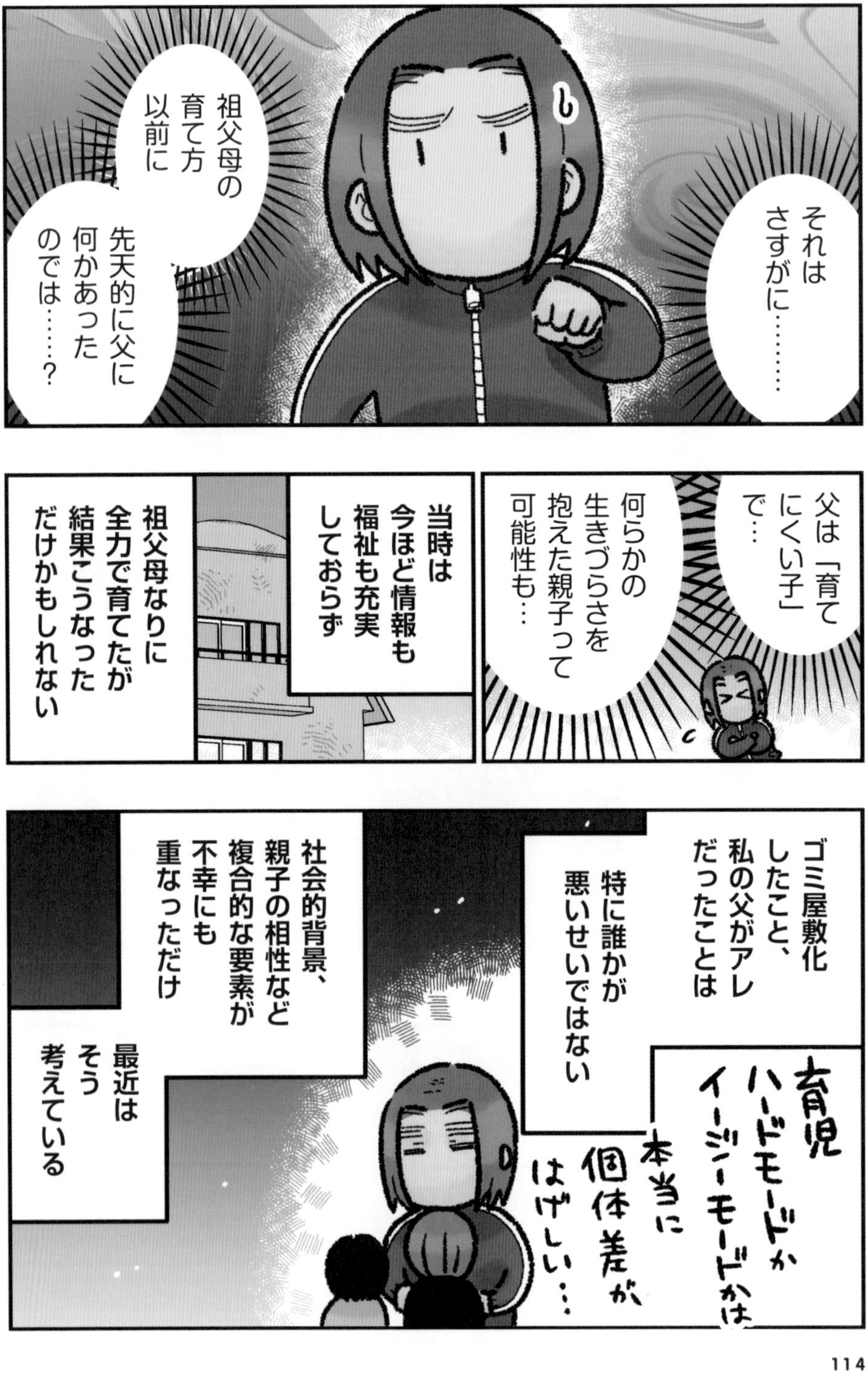

それはさすがに………
祖父母の育て方以前に
先天的に父に何かあったのでは……？
父は「育てにくい子」で…
何らかの生きづらさを抱えた親子って可能性も…
当時は今ほど情報も福祉も充実しておらず
祖父母なりに全力で育てたが結果こうなっただけかもしれない
ゴミ屋敷化したこと、私の父がアレだったことは
特に誰かが悪いせいではない
社会的背景、親子の相性など複合的な要素が不幸にも重なっただけ
最近はそう考えている
育児ハードモードかイージーモードかは本当に個体差がはげしい…

精神科医でYouTuber益田裕介先生のお話を伺ったところ
元々ファンなので嬉しい
ミーハー
ゴミ屋敷に対して「こうすればいい」「これを言えばいい」という〝金言〟ってないので
基本的に家族の対応は「攻め」よりも「守り」
第26話
まず自分が介護疲れしないよう「守る」
相手の話をしっかり聞いて相手に合わせて作戦を練る
セルフケア大事
基本的に本人の努力・頑張りで解決できる問題ではない
精神科の治療+行政・福祉の力を借りることが大事かなと
どれも祖父母の生前に聞いておきたいお話ばかりであった…
めっちゃ「攻め」てたがな
そりゃ疲れるし
うまくいかんわ

じゃあ、ゴミ屋敷化を防ぐためにどうしたらいいのか!?
私が体験から得た教訓はシンプルだが
①プロを頼ろう！
②老い支度は早めに話し合い！
①について
地域包括支援センター
居住介護支援事業所とケアマネさんヘルパーさん
清掃業者
介護施設
愚痴聞き役の友人や夫エトセトラ
とにかく周りに相談しまくったのは正解だったと思う
ブツクサ

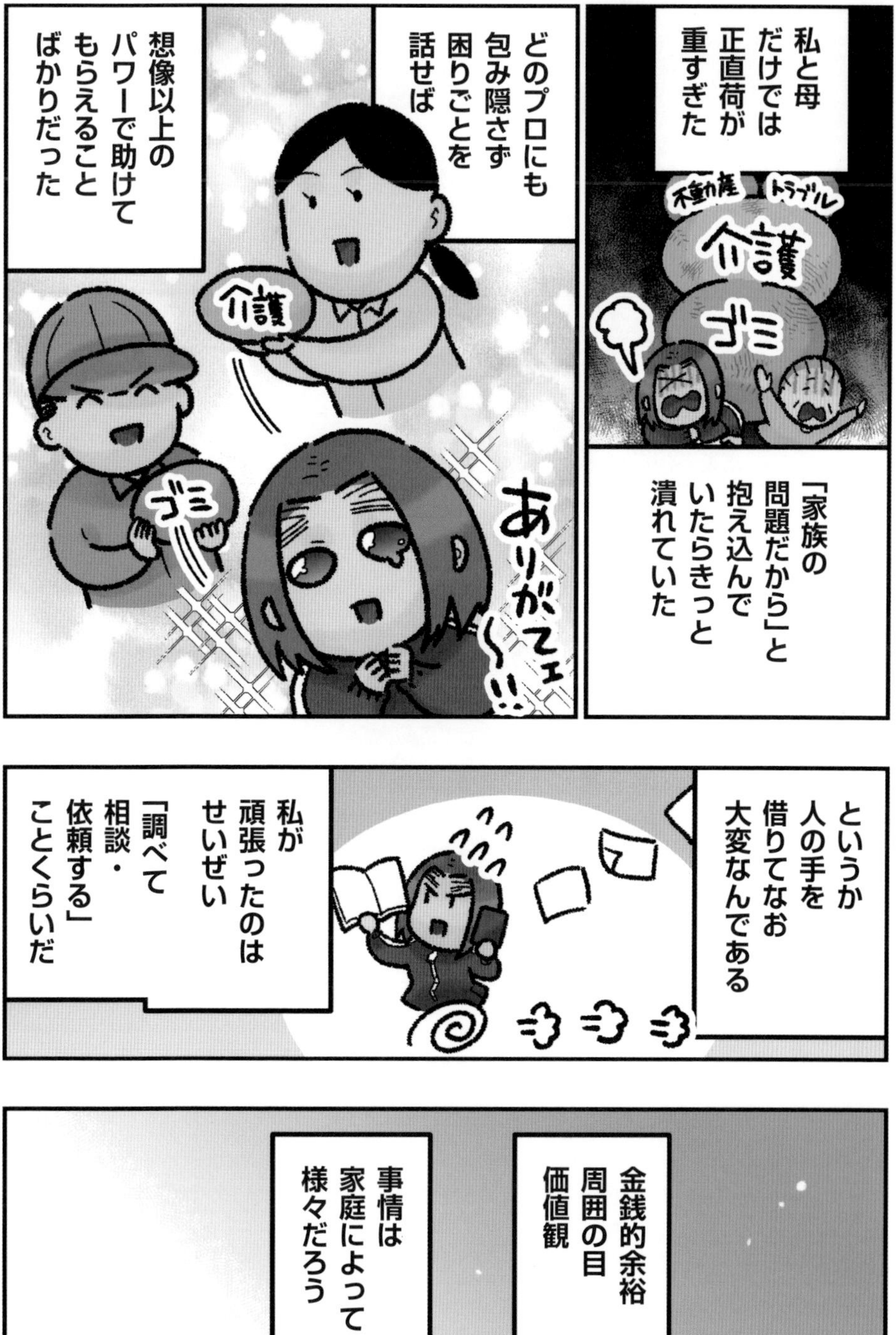
私と母だけでは正直荷が重すぎた
不動産
トラブル
介護
ゴミ
「家族の問題だから」と抱え込んでいたらきっと潰れていた
どのプロにも包み隠さず困りごとを話せば
介護
ゴミ
ありがてェ〜!!
想像以上のパワーで助けてもらえることばかりだった
というか人の手を借りてなお大変なんである
私が頑張ったのはせいぜい「調べて相談・依頼する」ことくらいだ
金銭的余裕
周囲の目
価値観
事情は家庭によって様々だろう

だが
お金で解決できることはした方がいいと思ったし
問題はなるべくオープンにした方が楽に感じた
クローズドにすればするほど
自分が追い込まれるだけであった
何より読者の方から多く寄せられた「実はうちも…」の声
うちあけてくださった時の少しホッとした表情
誰にも言えず困っている人はきっととても多い
抱え込まないでほしいと思う
つぎは「②老い支度」について

第27話

Q．なんで片づけと介護したの？
（ほっとけばよかったのに）
他人様に迷惑かけたくなかったのと
実家は祖父母から金銭的援助を受けた時期があったと聞いたので…
世話にはなったのかと
Q．ゴミ屋敷化の敗因は？
遅きに失したから
じゃないですかね…
全てが…
というわけで今回は教訓②「老い支度は早めに話し合い！」について

もっと早く
祖父母と
関わって
いれば
ゴミ屋敷化も
信頼関係ゼロ
スタートの
介護もマシ
だったはずだ
たぶん
具体的には
65歳頃を
過ぎたら
半年に一度は
家の状態を
2階チェック!
収納・
空き部屋や
冷蔵庫の
中まで
第三者が
さりげなく
チェックする
くらいは
必要なのでは
ないか
賞味期限チェック!
なぜなら
「家の外側」や
「玄関口」など
パッと見は
片づいていても
片づいてるじゃない!
でしょ〜
奥は地獄↓
中が
ぐちゃぐちゃ
というパターンの
ゴミ屋敷も存在
するからだ

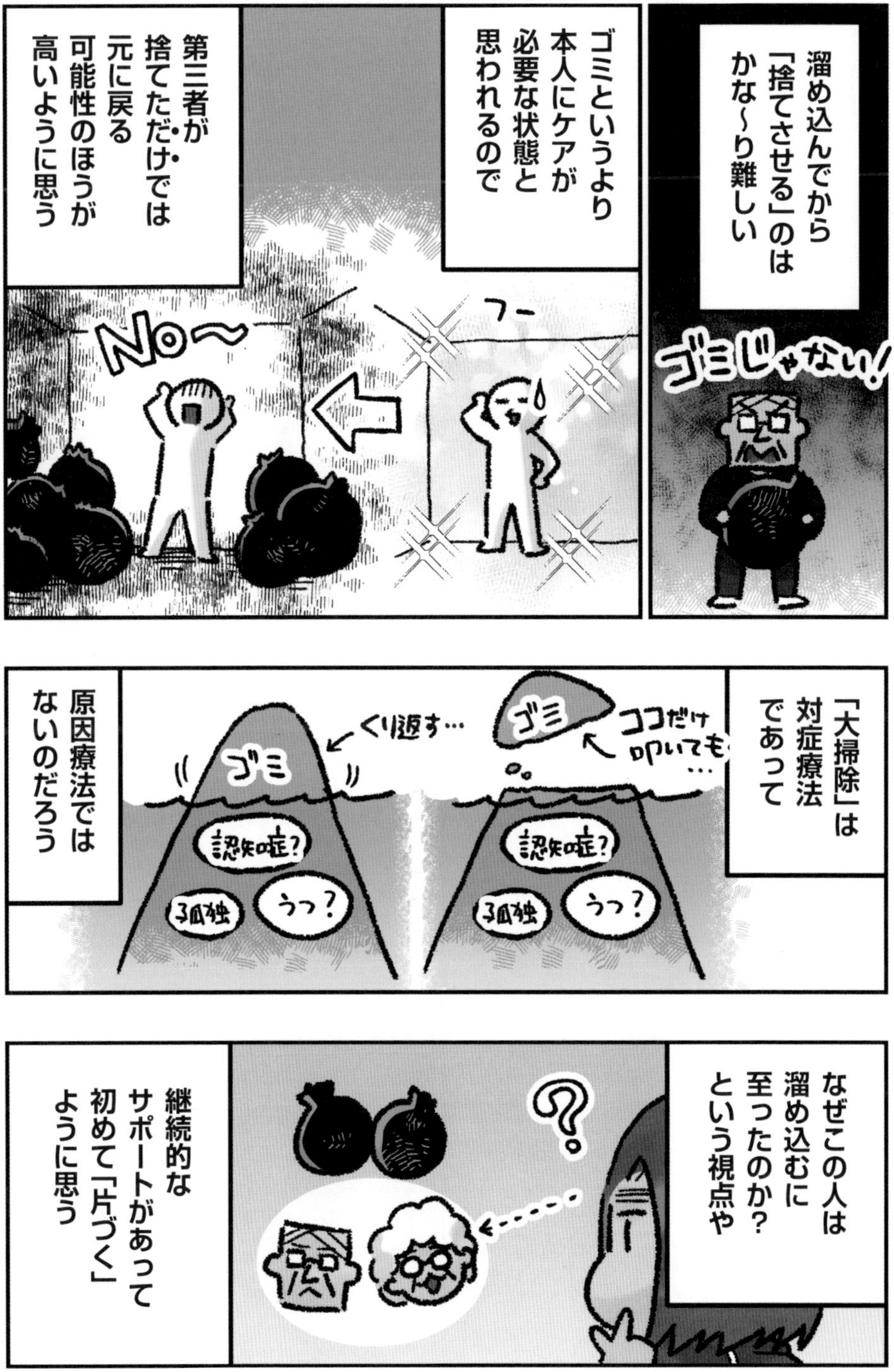

溜め込んでから「捨てさせる」のはかな〜り難しい
ゴミじゃない!
ゴミというより本人にケアが必要な状態と思われるので
フー
No〜
第三者が捨てただけでは元に戻る可能性のほうが高いように思う
「大掃除」は対症療法であって
ゴミ
ココだけ叩いても…
認知症?
うつ?
孤独
くり返す…
ゴミ
認知症?
うつ?
孤独
原因療法ではないのだろう
なぜこの人は溜め込むに至ったのか?という視点や
?
継続的なサポートがあって初めて「片づく」ように思う

孤独や
不安感を減らし
健康面も
チェック
母方の祖母は
お金が盗まれた！
と言いだしたところから認知症が分かりました
「溜め込む状態」に
なることを
防ぐのが
理想的だ
我が家の
ケースから
ちょいちょい
様子見に行こ
ゴミ屋敷に
なってから
片づけるの
大変すぎ
早めに
片づけよ
―と感じて
ほしくはある
子
親
それでも
ゴミ屋敷に
なっちゃったら
人手かお金で
なんとかは
なるし！
「ゴミ屋敷だろうと
知ったこっちゃない」
というくらい
関係が悪化
しているのであれば
それはまた
別の話であろう
父の介護？
さあね…

母さん70歳の誕生日おめでとう
ハイこれ好物のチョコと
エンディングノート!
Ending Note
書いてね
第28話

急がないで いいから 書けるとこ から ちょっとずつ 埋めてくれい
母には 老い支度を 始めてもらって いて
デイサービスは 勘弁して…
シモの始末 できなく なったら 施設行くわ
これくらいは 話せているが
胃瘻《いろう》とか 人工呼吸とか… 延命治療に ついては どうしたい？
えー…？
その時に なってみないと 分からん！
それじゃ 困るから 聞いてんだわ
「老い」について 正面切って話す ハードルの高さは あるし
誰もが 「まだまだ元気」と 思いたい

でも老い支度を
自分でできる
親ばかりではない
相続や
遺言書の有無
貴重品や
パスワードは？
遺言
持病や
延命措置は
どうする？
施設や介護
サービス利用に
関しては？
葬儀や
お墓に
ついては？

「一気に」は
無理でも
少しずつ
話し合うのが
得策だと
しくじり孫は
感じている

「介護（老後）は子育ての通信簿」という言葉もあるが
私はなるべく子の負担を減らしたいわ
分かる
しのびねェ
ママ友→
子育てが終わったら家でも売って夫婦で老人ホーム入るのが理想だなうちは
老後の戸建ては管理が大変問題もあるよね
2DKくらいの駅チカマンションって手もアリだなあ…
2階に
庭に…
自分ごととしても少しずつ「老後のイメージ」を膨らませる必要を感じている
さて長々続いた身内の恥おっぴろげエッセイも
いよいよ完結
もう少しだけお付き合いください

25話にて
ゴミ屋敷化したこと、私の父がアレだったことは
特に誰かが悪いせいではない
複合的な要素が不幸にも重なっただけ
…と書いたが
別に今でも祖父母は「好き」とまでは言えないし
Distance
父
父と仲良くするつもりもないのだ
「分かってるのと許せるのと愛せるのとはみんな違う」
好きな漫画にも書いてあったしその通りだと思う
第29話

それでも幼少期から抱えてきた
どうしてうちだけ「こう」なんだ
という疑問の一端は晴れた気がした
家族病理の負の連鎖を見た気がした
祖父母もまた何か抱えてきたのかもしれない
ゴミ屋敷の片づけと介護は思いがけず
家族への理解と
己のルーツの整頓となったのだった

そして今
2人の子どもと
夫と暮らす我が家は
ごっちゃごちゃである
ごちゃァ
キャッキャッ

いくら片づけても秒で散らかる上に
ガラガラ〜
夫もまた片づけが苦手な人種なのだ
ごちゃ〜
偉そうに描いておいて
ヨボヨボ…
老いた私がゴミ屋敷で暮らしていたら笑えない
子どもたちには迷惑をかけないようにしたいものだ
かたづけるよ〜！
自戒を込めて筆を置く
END

column コラム 4

「ゴミ屋敷」はなぜ生まれる？

漫画にも登場した、メンタルとゴミ屋敷の関係を教えてもらいました。

精神疾患が関係している場合も

「ゴミ屋敷」になってしまうのは、片づけられない、だらしないことが原因だと思うかもしれません。しかし、精神科医の益田先生によると、裏側には認知症やうつ病、発達障害など、なにかしらの〝精神疾患〟が隠れている可能性が高いそうです。また、「ゴミ屋敷の形成」という結果は同じでも、その要因は症状によって異なります。精神疾患の場合、本人の努力やがんばり次第でなんとかできるものではない場合が大多数。無理はせずに、精神科での治療や、行政・福祉サービスなど、専門家に頼ることがポイントです。

氷山の一角
ゴミ屋敷
認知症
発達障害
強迫性障害
ためこみ症
統合失調症
うつ病/双極性障害
etc
etc…

精神科受診のタイミングは？

精神科への受診は少しハードルが高いと感じる方もいるかと思います。しかし、少しでも違和感をもったら受診して大丈夫です。話を聞くだけで見えるものも変わってくるそうなので、抱え込まずにまずは受診を。

描き下ろし

Gomiyashiki junin no
sofubo wo kaigo
shita hanashi

おまけ

ざっくりすぎる時系列表

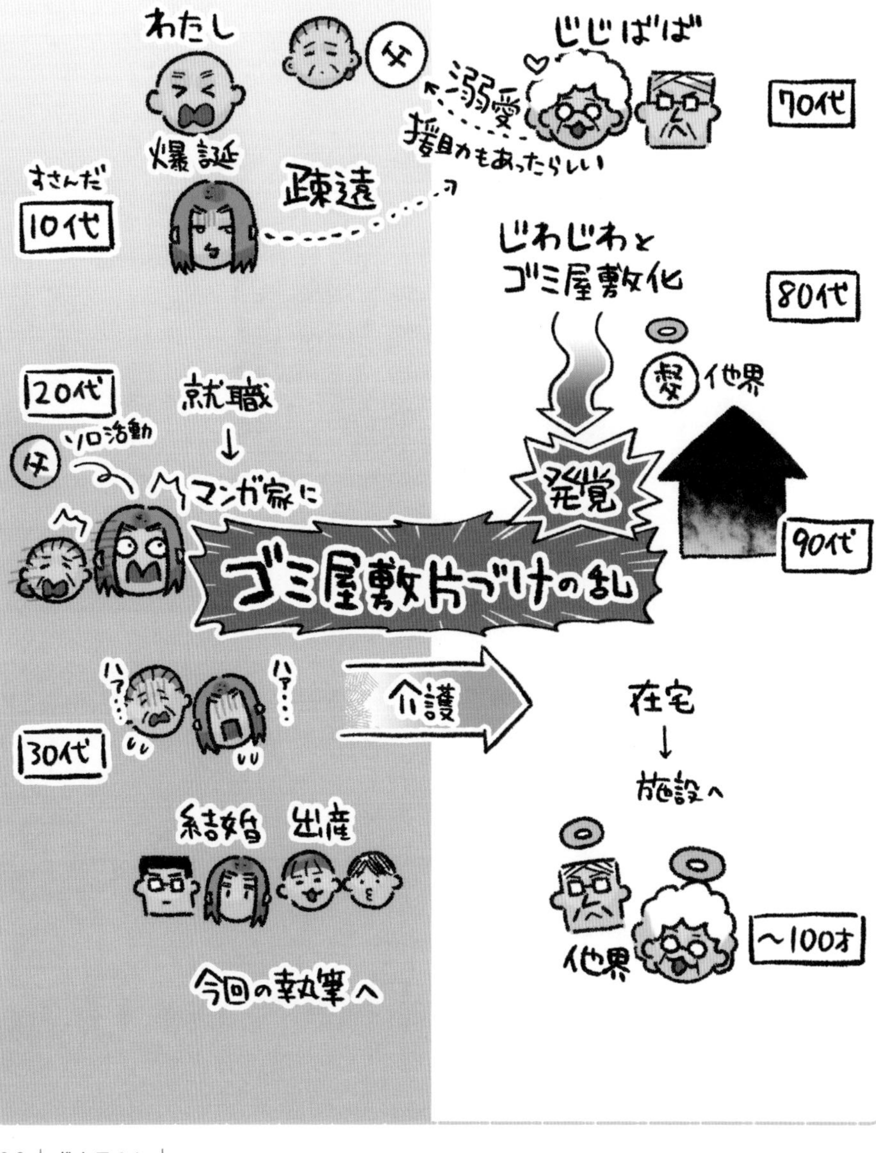

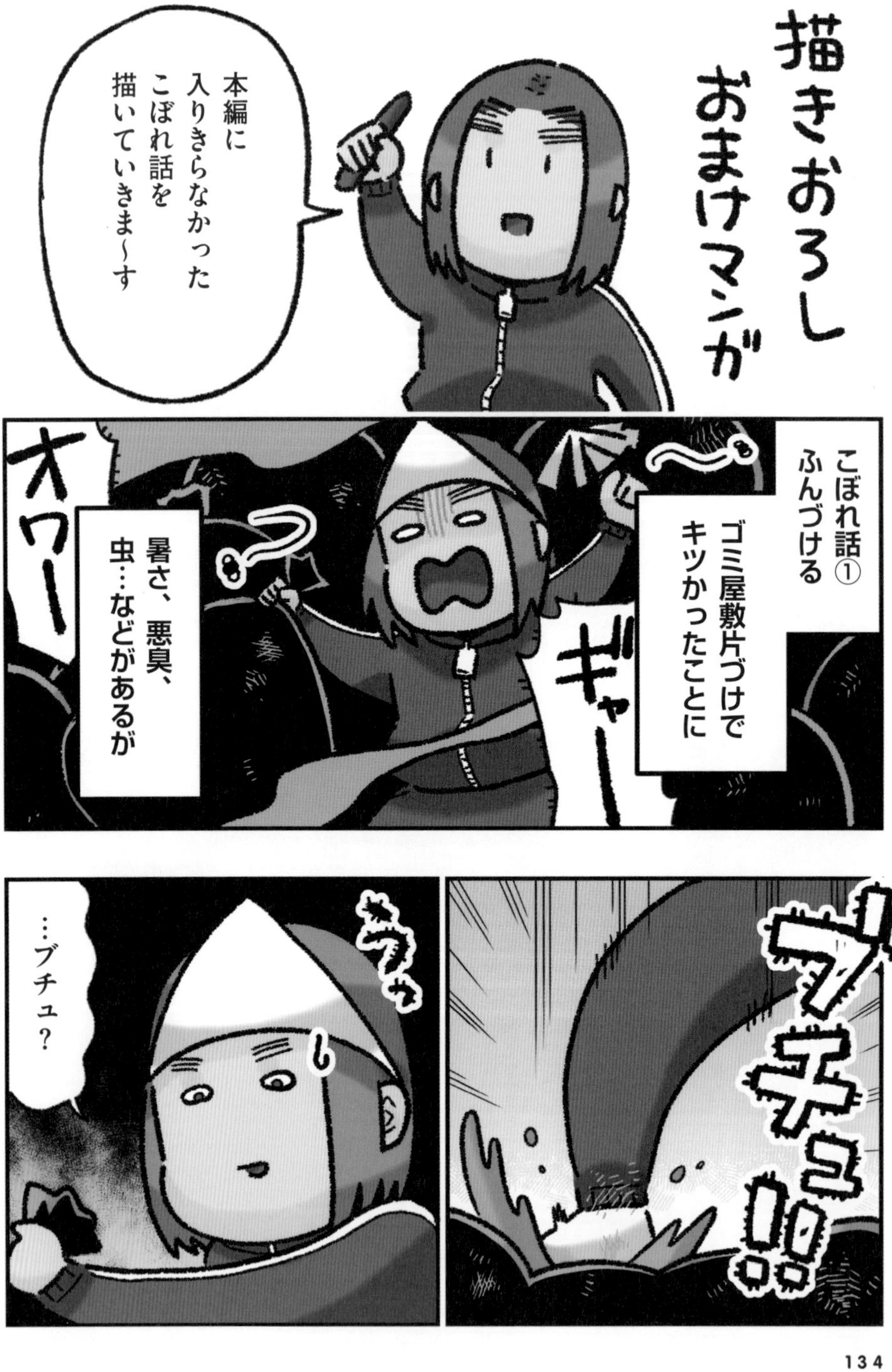

描きおろしおまけマンガ
本編に入りきらなかったこぼれ話を描いていきま～す
こぼれ話①
ふんづける
ゴミ屋敷片づけでキツかったことに
暑さ、悪臭、虫…などがあるが
ギャー
オワー
～
?
ブチュ!!!
うわ
…ブチュ?

液状化した
グレープフルーツ
（だったもの）
ドロッ
災害時の片づけは
怪我の危険や
感染症等のリスクが
あると聞くが
おおお…
くっ下
すてるしか…
ゴミ屋敷の
片づけも
同じことが言える
かもしれない…

こぼれ話②
病院選び
祖母は近所の内科に通院
フウフウ
〇〇クリニック
認知症の薬を処方されたのだが
これを飲み始めてからえらく攻撃的になり
介護が難しくなった
はぁ!?
ピリピリイライラ
イヤよ
何なのアナタ
医師と相談するも
あの困ってて…
副作用?そうだよ!処方?このままです
取り付く島もなく…
知人の医療従事者に相談
認知症の薬の処方って難しいんだよ
もっと専門のドクターに診てもらったら?
フーム…

ケアマネさんにも相談
困り
ましたね
実はあちらの病院…けっこう…その…トラブルも多く…
徒歩の通院もお辛そうですし在宅医療もご紹介できますが…
そうします
しかしその後
医師本人から直に電話が―
なんで病院変えるんですか?
なんでウチじゃダメなんですか?
!?
ビクッ
え〜〜〜〜と
歩いて通院がしんどいみたいでェ…
ゴニョ…ゴニョ…
しどろもどろ…
「なんかそういうとこ」とは言えないのであった…

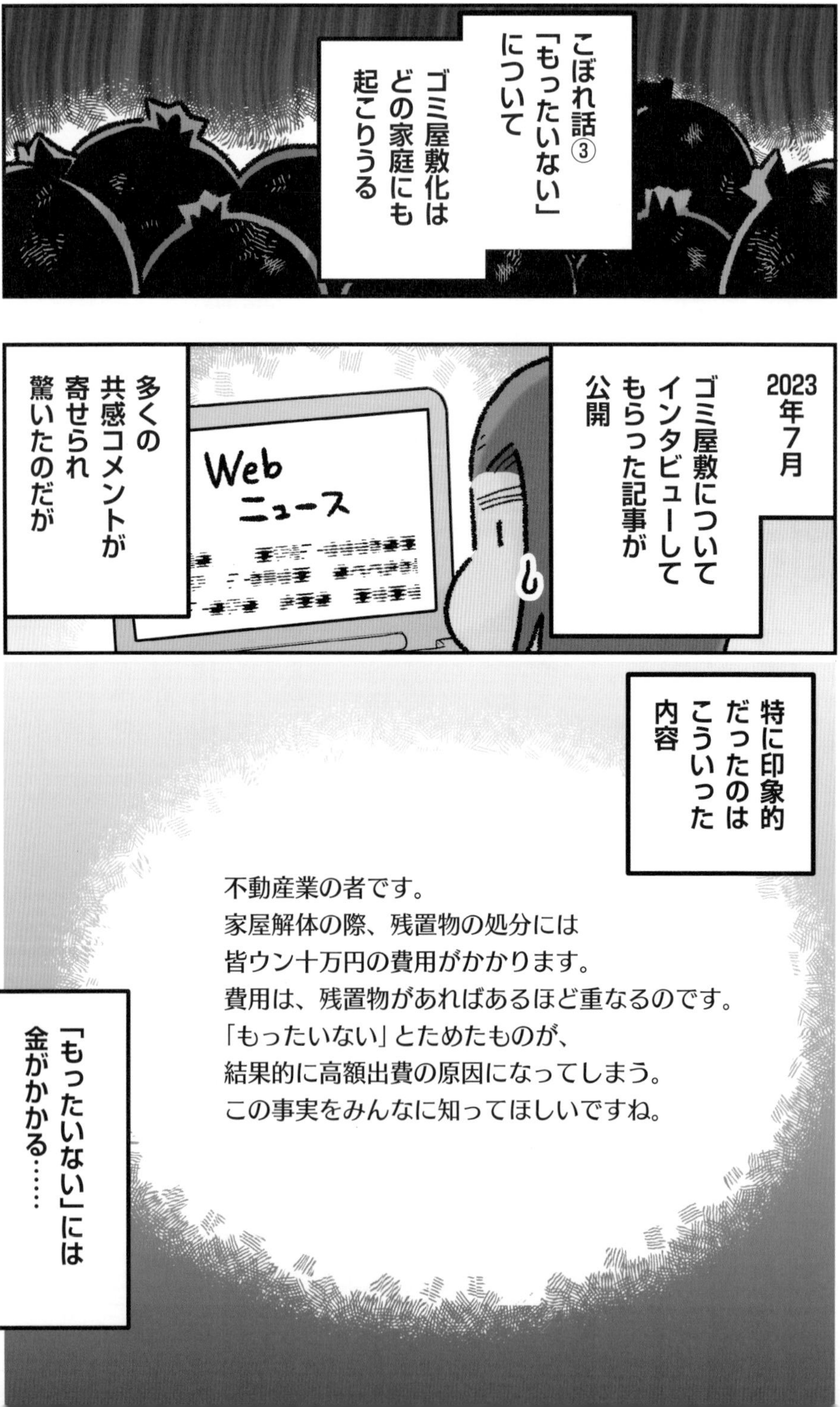
こぼれ話③
「もったいない」について
ゴミ屋敷化はどの家庭にも起こりうる
2023年7月
ゴミ屋敷についてインタビューしてもらった記事が公開
Web
ニュース
多くの共感コメントが寄せられ驚いたのだが
特に印象的だったのはこういった内容
不動産業の者です。
家屋解体の際、残置物の処分には
皆ウン十万円の費用がかかります。
費用は、残置物があればあるほど重なるのです。
「もったいない」とためたものが、
結果的に高額出費の原因になってしまう。
この事実をみんなに知ってほしいですね。
「もったいない」には金がかかる……

こぼれ話④
宗教
祖父母はとある宗教を信仰していた
何回か集まりに連れて行かれたけどその程度
特に問題もなく描くこともなかったのだが
ちょっと揉めたのは祖父の逝去後
火葬場
じいちゃんトップが代わってから寄り付かなかったみたいだし…
守銭奴だ！とか言って
父
祖父の葬儀は父と母だけで簡単に家族葬を行った
産後直後すぎて行けず…
が
この宗教を通さず
「勝手に弔った」ことが火種になったらしく
宗教の人
勝手に納骨までやっちゃったんですか!?

おじいさんの魂は亡くなったことに気づかず彷徨ってしまいますよ…!?
すみません
スピリチュアル苦言を呈されたという

葬儀の詳細まで生前に話し合っておくべきだったが
葬式～？まだまだ死ぬ気はないね！
へっ!!
とか言って聞けなさそうな気もするので難しいところだ

こぼれ話⑤ 担当さん
私は父・祖父母 そして夫と 「片づけ苦手な人」 遭遇率が高く
父
それ自体は なんとも 思わない のだが
編集長と 担当編集 Aさんとの 打ち合わせ中
担
編
Aはデスクが 散らかってて…
この本の企画で 片づけようか なんて話も あるんですよ〜
編集長
ハハハ
今 ちょっと モノが 多いだけ ですよぉ
担当さん…!?
☆類は友を呼ぶ

おわりに

ここまでお読みいただき、ありがとうございました。あとがきです。
私は、日常生活に困らない程度には「片づけ」ができたこともあり、
汚部屋住人の父やゴミ屋敷住人の祖父母のことを、
「だらしなく厄介な身内」として捉えていた時間が
長かったように思います。まあ、実際に多少厄介だった気もしますが…。

特に10代～20代後半頃までは、モグラ叩きよろしく
目の前のトラブルをピコピコ叩きつぶすのにいっぱいいっぱい。

祖父母を看取り、体験を漫画という形で昇華し、
読者の皆様と共有し、専門家の取材をさせてもらってやっと今、
少しは俯瞰で物事を見られるようになったのかもしれません。
十分ではないでしょうが。

片づけられない＝だらしないと断じてしまうと、
その人の背景にある事情や病気を見逃してしまうということ。
背景を理解しないことには、解決から遠ざかってしまうということ。
正論だけでは人は動かないということ。

「片づけられる」というのは、たまたま私が健康で、
幸運にもその能力が備わっていたにすぎないということ。
家族の問題にこうすればOKという魔法の杖はなく、
まずは自分の健康的な生活をキープした上で、
狭い狭いストライクゾーンから解決の
糸口を見つけ出すしかないということ。

これらをもっと早く学んでいたら、
祖父母にも違った接し方ができたかも、と最近よく思います。
いや、でもやっぱ多少イー!!とはなるかもな。

最後に、この本を作るにあたってご協力いただいた扶桑社様をはじめ、
関係者の皆様、精神科医・YouTuberの益田裕介先生、
ゴミ屋敷専門パートナーズ代表取締役社長　石田毅様、家族、
そして読者の皆様に感謝を。

私たち家族のしくじり体験が、似た境遇でお悩みになる方の、
慰めと後押しになることを願ってやみません。

2024年2月吉日　西園フミコ

西園フミコ

漫画家。2児の母。著書に『バディ!!!』（小学館刊）、
『おみやげどうしよう?』（講談社刊）など。
Webサイト『地方創生＆多文化共生マガジン カラふる』にて
『ビビっとくる日本全国おみやげ日記』を連載中。
［X＆Instagram アカウント］@fnishizono
［HP］http://nszn.jp/

ゴミ屋敷住人の祖父母を介護した話

姫ばあさんとこじらせじいさん

発行日　2024年2月29日　初版第1刷発行

著者　西園フミコ

発行者　小池英彦

発行所　株式会社 扶桑社
〒105-8070
東京都港区芝浦1-1-1 浜松町ビルディング
電話 03-6368-8873（編集）
03-6368-8891（郵便室）
www.fusosha.co.jp

印刷・製本　株式会社 加藤文明社

装丁　名和田耕平デザイン事務所
（名和田耕平＋小原果穂＋能登 歩）

DTP　生田敦

校正　小出美由規

撮影　中川菜美

編集　四方田貢未子

本書は『ESSEonline』に掲載された内容を、加筆・修正したものです
定価はカバーに表示してあります。

ISBN978-4-594-09678-6